MINHA VIDA
PASSADA A LIMPO
EU NÃO TERMINEI COMO FAXINEIRA, EU COMECEI

VERONICA OLIVEIRA
Criadora do **FAXINA BOA**

MINHA VIDA
PASSADA A LIMPO
EU NÃO TERMINEI COMO FAXINEIRA, EU COMECEI

© 2020 Veronica de Oliveira
© 2020 VR Editora S.A.

Latitude é o selo de aperfeiçoamento pessoal da VR Editora

DIREÇÃO EDITORIAL Marco Garcia
EDIÇÃO Marcia Alves
PREPARAÇÃO Isadora Próspero
REVISÃO Juliana Bormio e Laila Guilherme
FOTOGRAFIAS DE CAPA © Cauê Paz
ILUSTRAÇÃO DE MIOLO E CAPA © Freepik - www.freepik.com
TRATAMENTO DE IMAGENS DE MIOLO Renê Vasques Dias
FOTOGRAFIAS DE MIOLO Arquivo pessoal da autora
PROJETO GRÁFICO DE CAPA E MIOLO Pamella Destefi

Dados Internacionais de Catalogação na Publicação (CIP)
(Câmara Brasileira do Livro, SP, Brasil)

Oliveira, Veronica
Minha vida passada a limpo / Veronica Oliveira. – 1. ed. –
Cotia, SP: VR Editora, 2020.

ISBN 978-65-86070-11-8

1. Empreendedores – Autobiografia 2. Empreendedorismo
3. Empregadas domésticas 4. Mulheres empresárias
5. Oliveira, Veronica 6. Projeto Faxina Boa I. Título.

20-44953 CDD-920.72

Índices para catálogo sistemático:
1. Mulheres: Autobiografia 920.72
Maria Alice Ferreira – Bibliotecária – CRB-8/7964

Todos os direitos desta edição reservados à
VR EDITORA S.A.
Via das Magnólias, 327 – Sala 01 | Jardim Colibri
CEP 06713-270 | Cotia | SP
Tel.| Fax: (+55 11) 4702-9148
vreditoras.com.br | editoras@vreditoras.com.br

Para Guiomar Silva Profeta, minha avó.
A mulher mais doce e forte que já pisou nesta Terra.
Que eu tenha aprendido a ser pelo
menos um pouquinho como ela.

Prefácio

*Você nunca vai chegar a lugar nenhum...
porque não sabe fazer nada!*

Perdi a conta de quantas vezes esta frase apagou em mim a chama da vontade de viver.

Não nasci rica, nunca morei no Centro, mas talvez quisesse.

Todavia, cresci rodeada de mulheres nos cortiços aqui da Zona Norte.

E quem sabe tenha recebido as bênçãos de Carolina Maria de Jesus e até de Noêmia de Souza, de repente sou até descendente delas.

Mas não é de mim que quero falar.

Li neste livro sobre passagens e caminhos que nunca conheci, como uma casa de cortiço no Centro de São Paulo, casas de passagem, casas.

Não sou do tempo dos *call centers*, mas da grande chegada da globalização.

Meu Deus, quanta esperança me trouxe esta palavra quando você nem era nascida e eu já havia tentado suicídio três vezes.

E antes de você descer pra Zona Leste eu já havia entrado no Lexotan e no Diazepam, por não compreender que eu, assim como o doutor diagnosticou em você, não era doente... era pobre.

Quem na verdade me matou primeiro foram os professores, que ainda na infância me roubaram o direito de sonhar com a escrita como forma de apenas viver.

Somos, você e eu, árvores no meio do caminho que a cada ano ganham um anel em volta da cabala do nosso destino.

Elas contam como foi que fizemos pra chegar aqui quando muita gente que conhecemos ficou à beira dos *call centers* e da globalização.

Porém, pra inveja desta gente acadêmica burocrata, somos multidisciplinares e detentoras de tecnologias advindas de processos ancestrais de saberes e fazeres.

Carolina na caneta
Noêmia na música
Nzinga na essência
E nossa mãe no coração e na luta
E a terra como sustento
Somos árvores, pau pra toda obra e pau de dar em doido
Madeira nobre que dá sombra e sustento por onde passar
Que possamos ir a muitos lugares por estarmos
    protegidas por Zambi
E saber viver com quase nada.

Fico cheia de esperança de encontrar esta obra real, esta história de uma mulher que, como eu, conseguiu não sucumbir de todo, ainda que tenha morrido tantas vidas.

Chegamos a este lugar pra mostrar a nós mesmas que é verdade o dito:

Eu nunca chegarei a lugar algum sozinha, porque descendo de nações que se sentem todas uma só.

E uma nação nunca se desfaz.

Dona Jacira
*Artesã, artista plástica, mulher, negra,
mãe dos músicos* Emicida *e* Fióti

1

Quem era eu e quem me tornei

Embora baiana por alguns dias, pois nasci em Vitória da Conquista, logo vim para São Paulo com minha mãe. Meu pai? Nunca conheci. Cresci em um bairro central, a Vila Buarque, que hoje é queridinho dos jovens da classe média paulistana e onde mora a maior parte dos meus clientes de faxina, o que faz com que eu ainda passe bastante tempo ali. É certamente a região da cidade que eu mais amo. Vivi brincando na Praça Rotary, frequentando a biblioteca infantojuvenil Monteiro Lobato e o Sesc Consolação, andando de *bike*, patins e *skate* na Praça Roosevelt e estudando em um colégio católico tradicional em Higienópolis, também nessa região privilegiada de São Paulo. Sim, é desse jeito que termina uma pessoa que estuda em um colégio de freiras: toda tatuada e um tanto revoltada com a sociedade, porém inteligente e bem-educada.

Sou a mais velha de seis irmãos, um deles já falecido. Esse episódio da minha vida já foi um alerta de que as coisas não seriam fáceis. Eu tinha 13 anos quando meu irmão caçula caiu por acidente da janela de nosso apartamento. A morte de uma criança é uma das maiores dores que uma família pode vivenciar, tenho certeza, e minha mãe ainda não havia nem chegado aos 30 anos de idade. Sempre que me lembro dela andando com todos nós na rua – aquela escadinha de cinco crianças conduzidas por uma mulher tão nova –, me parece tão estranho, ainda mais se levarmos em conta que hoje em dia, aos 30 anos, as mulheres estão ainda pensando se querem ter filhos ou não. São dois anos de diferença entre meus irmãos e eu, depois veio a caçula, que tem quase a mesma idade da minha filha. Sendo assim, vocês já viram que é uma completa bagunça: a mãe parece que é irmã, as netas parecem filhas, ninguém entende nada e a gente morre de rir. Mas o resumo é: minha mãe, aos 55 anos, parece ter 40; eu, que vou fazer 40, pareço ter 70. E, para quem tanto reclamou que não queria ser avó, hoje minha mãe já tem seis netos.

Tivemos todos uma ótima infância de família de classe média dos anos 1990: bicicleta, *walkman*, viagens pra praia e campo e passeios na kombi da empresa em que o pai dos meus irmãos trabalhava (quando a viagem era longa e a gente dormia, o rosto ficava cheio de marcas daquelas listras do banco, se lembram disso?). Ele tinha uma Variant na qual íamos todos soltos no porta-malas; quando passava em uma lombada, era só criança voando! Bons tempos... somos sobreviventes.

Eu era uma criança perguntadeira, um tanto fofoqueira, gostava de vestir sempre roupas combinando e de prender todo o cabelo para o mesmo lado. Tinha uma carinha redonda e bochechuda, e provavelmente era muito chata. E, como toda criança daquele tempo, queria apenas uma coisa: ser Paquita e aparecer no palco com a Xuxa. E daí que elas não tinham nada a ver comigo? Na época eu nem prestava atenção nisso, aliás. Gostava de ensaiar coreografias com as minhas amigas, cantava no coral do colégio e era uma excelente jogadora de vôlei.

Minha mãe sempre foi dona de casa e cuidava da gente em tempo integral, enquanto meu padrasto trabalhava em uma estatal.

Morávamos em um apartamento pequeno e lembro-me das festas de aniversário que minha mãe organizava, nas quais, para caber tanta criança, todo mundo ia parar no *hall* do prédio – uma maravilha! Minha mãe era criativa demais: inventava brincadeiras que nos faziam pensar, criar, escrever, desenhar, planejar. Ela espalhava pistas para a gente encontrar coisas, e meus irmãos e eu vestíamos os sobretudos e as jaquetas dela e virávamos detetives. Era genial! Ela também levava a gente em passeios que nos ensinavam algo: onde ficava a primeira construção da cidade, em qual parque existia mata atlântica nativa, coisas assim. Ela nos mantinha curiosos e questionadores.

Também tinha um hábito que chamava a minha atenção: fazia as tarefas domésticas sempre ouvindo rádio, muitas vezes música *pop* e *rock*, e eu ia aprendendo a cantar e decorava os nomes das bandas. Eu herdei esse hábito e faço isso até hoje. Antes de começar a limpar, já separo uma rádio ou uma *playlist* previamente preparada para encarar as atividades do dia.

Aquela história (de terror) é real: a gente cresce e fica parecida mesmo com a nossa mãe.

Eu não era boa aluna. Quer dizer... no que me interessava, sim, eu era. Ainda hoje, sou muito competitiva e, se vou me dedicar a algo, quero ser a melhor. Infelizmente, esse algo nunca foi matemática, química, física ou biologia. Mas português, artes e história salvavam o meu boletim. Nas reuniões de pais, eu era a merecedora da máxima: "é inteligente, mas fala demais".

Eu dividia meus talentos escolares entre produzir bons textos (amava o concurso de redação), cantar no coral, o que fiz ao longo de todo o Ensino Fundamental, e praticar atividades esportivas: era boa no vôlei e no futebol, mas as freiras do colégio não viam meu talento para driblar com bons olhos. Uma vez, chegaram a contatar minha mãe para indicar uma psicóloga, pois eu gostava demais de "coisas de menino". Socorro – eu tinha 12 anos, estava cheia de energia, e chutar bola me parecia apropriado. A escola não entendia bem meus gostos peculiares e por sorte minha mãe me dava o apoio necessário para que eu não deixasse de ser quem eu era: quando escreveram uma advertência na minha agenda porque usei uma camiseta de banda de *rock* debaixo do uniforme escolar, ela respondeu: "MAS E DAÍ?".

Um brinde à minha mãe.

Eu era aquela pessoa que conseguia estar em todos os grupos da escola: do pessoal do esporte, da música, das patricinhas, dos roqueiros; jogava futebol com os meninos, conseguia cola com os nerds, fazia *bullying* com algumas pessoas e sabia muito bem disso. Meu alvo favorito era uma garota que se parecia fisicamente comigo, embora a semelhança parasse por aí: ela não conseguia se enturmar com ninguém e tirava as melhores notas em todas as matérias. Só fui entender muitos anos mais tarde por que eu era tão chata com ela.

Ela era filha única, super-hiper-mega-protegida pela mãe e tinha uma criação rígida: antes dos 10 anos já sabia duas línguas, quando adulta já falava fluentemente quase dez idiomas. A mãe dela era mais velha que as outras mães e não era nenhuma *expert* em comprar roupas, então ela sempre aparecia na escola vestindo algo que todos estranhavam, e lá vinha mais *bullying*. Um dia, descobri que ela tinha um *videogame* que eu não tinha e fui à casa dela jogar. Com o tempo, passei a frequentar a casa, que tinha também uma bicicleta ergométrica e uma banheira de hidromassagem – estamos falando aqui de 1991, e essas coisas eram um luxo (não que hoje não sejam, veja bem, mas a gente ficava deslumbrado facilmente).

Uma amizade bizarra foi construída: passávamos bastante tempo juntas fora do colégio, mas dos portões para dentro eu nunca queria estar com ela. Em algumas ocasiões, cheguei a dizer coisas duras a ela, que sempre era muito boazinha comigo. Eu me lembro de ter retribuído uma vez as coisas bacanas que ela fazia: na casa dela não havia nada que não fosse extremamente saudável. Aos 12 anos, a garota nunca tinha comido açúcar em excesso, gorduras, frituras, NADA. Na minha cabeça, isso não podia ficar assim, então levei um lanche *fast-food* para ela uma vez. Booooa, Verocas. O brilho nos olhos da pessoa que consome batata frita cheia de sal pela primeira vez é um espetáculo.

Os anos se passaram, saímos do colégio e eu a reencontrei em uma balada gótica tempos depois, quando tínhamos 18 anos. Percebi da forma mais dura como a mãe dela estava repleta de razão: ela tinha a pele perfeita, nada de gordura acumulada pelo corpo, cabelos maravilhosos. Caramba, cada batatinha que eu já tinha comido estava alojada na minha cintura.

Voltamos a manter contato, e eu entendi o que sentia na infância: ela me intimidava demais com tanta inteligência e bondade. Óbvio que ela me perdoou por ser uma péssima amiga na época da escola.

Quando ela me contou que viajou o mundo todo, estudou coisas incríveis e conheceu lugares diferentes e suas culturas, passei a admirá-la ainda mais. Continuamos amigas e mantendo contato pela internet quando ela foi morar na Europa, até que um dia fui informada de que ela tinha falecido por parada cardíaca. Fui ao seu enterro, que aconteceu aqui no Brasil, e senti de forma muito aguda a importância dela na minha vida e tudo que ela me ensinou, mesmo sem saber.

Além dessa grande amiga, tem outra pessoa que é especial demais para mim. Eu tenho muita facilidade em me relacionar com as pessoas e mais ainda em mantê-las por perto. Porém, por mais pessoas que entrem e saiam da minha vida, tem uma que sempre esteve e sempre estará por aqui. Essa amiga se mudou para o prédio onde eu morava quando eu tinha 4 anos de idade e eu me lembro exatamente da cara dela chegando junto com a mudança. Nem sei como isso é possível, mas me lembro dos seus cabelos muito louros, presos em chuquinhas, e de ter perguntado à minha mãe por que ela era tão branca!

Aprendemos a ler e escrever juntas, brincávamos uma na casa da outra, estudávamos na mesma escola, vimos nossos corpos mudar juntas, dividimos os dramas dos namoradinhos, as dúvidas sobre sexo, a experiência de sair de casa e muito mais. Ela acompanhou minha gravidez; eu a vi se casar, mudar de estado e de país. Ela esteve ao meu lado sempre e sempre estará, e isso me ajudou a ser quem sou.

Tudo estava correndo bem na minha vida até que, aos 17 anos, uma gravidez não planejada virou meu mundo de cabeça para baixo: se eu mal sabia cuidar de mim, como é que iria ser responsável por outra pessoa? E sozinha, pois a reação do meu namorado foi chorar e dizer que não tinha nada a ver com isso (ironia: ele disse que, por ter apenas 16 anos, não queria uma responsabilidade dessas e terminou comigo; então, logo que saiu com outra garota, engravidou-a também – sim, está liberada a risada).

Consegui terminar o primeiro ano do Ensino Médio sob os olhares julgadores e as fofocas sobre minha barriga (que ostentava um *piercing* no umbigo), mesmo tendo que correr para vomitar quando vinha o enjoo ou dormindo no meio da aula (a gravidez ativou em mim um poder impressionante de dormir de qualquer jeito e em qualquer lugar).

Por mais complicada que fosse essa nova realidade, eu estava determinada a não deixar de estudar – disso não iria abrir mão. Depois que a Claire chegou, recebi da minha família todo o suporte para que pudesse finalizar o Ensino Médio, ainda que a faculdade ficasse para depois.

Jamais permiti que me dissessem que ser mãe adolescente significava o fim da minha vida. E, na real, os meus medos foram derrubados pela própria vida: de vez em quando eu saía e minha mãe cuidava da Claire e da minha irmã, e eu retribuía fazendo o mesmo para minha mãe. Ponto para o time das mulheres!

Entre erros e acertos, com uma queda aqui e uma papinha horrível ali, as coisas foram se encaixando e hoje eu sou a orgulhosa mãe de uma mulher adulta.

De certa forma, a maternidade foi desempenhada com facilidade. Os anos se passaram muito tranquilamente e eu vivia em paz em uma das casas de propriedade do meu padrasto, cuidando da minha filha em tempo integral e sendo mimada por minha avó...

Eu disse mimada por minha avó?

Dona Guiomar era a especialista máxima na arte de mimar a neta. Quando pequena, ela me dava chocolate escondido, me levava para passear, penteava meu cabelo e contava coisas sobre a vida e o mundo. Minha avó sabia de tudo, era o máximo! Ela era empregada doméstica na casa de uma família tradicional na região dos Jardins, área nobre de São Paulo. Eu sempre ia visitá-la no trabalho, onde ela passava a semana (nos finais de semana, ela dormia na nossa casa). Ela trabalhou lá por décadas e criou os filhos da patroa – uma senhora loura com uma cara esticada e jeito de falar enjoado, de quem me lembro bem mesmo depois de tanto tempo. Ela tinha dois filhos, a menina quase da mesma idade que eu e o garoto um pouco mais novo. Muitas vezes brincávamos juntos; eu lia as revistas da garota e herdava dela móveis e itens que trazia de viagens internacionais. Quando a família estava fora e eu ia ao apartamento, minha avó me mostrava a decoração, explicava a forma como eles viviam, as comidas que eles gostavam e, principalmente, me colocava para tomar banho na banheira beeeeem cheia de espuma. Passeávamos bastante pelo bairro e ela me mostrava os lugares, com indicações como "Esse restaurante é do *chef* tal, muito chique". Tudo isso foi criando em mim o gosto pela frescura pelo qual sou muito conhecida.

Minha avó jamais se sentou à mesa com a família naqueles trinta anos – ela comia na área de serviço ou em seu quartinho sem janelas, e quase sempre algo diferente do que era servido para a família.

Às vezes, ela comprava algo no mercado perto da casa deles (até hoje um dos mais caros de São Paulo) e preparava pra mim um prato que eles comiam, me ensinando o que era, de que país vinha e o modo certo de comer. Isso era mais do que uma forma de carinho: era minha avó enxergando em mim a filha da patroa. Eu não via isso aos 14 anos, só fui perceber bem mais tarde.

Ah, vó... obrigada por tudo!

Por mais que ela tenha criado uma monstrinha, também me lembrava sempre de que eu estava na luta, pois minha realidade era diferente, mas não deixava que isso me impedisse de sonhar.

Minha avó tinha em seu quartinho alguns livros, uma garrafa de vinho, um radinho de pilha e uma TV sem controle remoto que ela controlava com um cabo de vassoura, que ficava no cantinho da cama e ela usava também para apagar a luz (alô, automação!). Ela nunca falava sobre a vida dela, então eu não sabia nada sobre sua infância, estudos ou relacionamentos (não conheci meu avô). Mas morria de curiosidade. De vez em quando, ela deixava escapar que sabia algumas coisas em francês (!) e tinha todo tipo de informação de cultura inútil: era *expert* em parentesco de famosos e uma vez me deu um disco do The Who e eu descobri que "a véia" sabia de rock.

Sem dúvida, eu tive a melhor avó do mundo.

Os agrados foram herdados pela Claire, que minha avó mimava demais também. As duas eram muito grudadas, um amor só.

Os anos foram se passando, e minha avó sentia cada vez mais vontade de voltar para a Bahia e ficar perto de sua mãe, mas queria que Claire fosse junto, o que não permiti. Quando minha bisavó morreu, minha avó decidiu enfim voltar para sua terra natal, depois de ter trabalhado tanto e feito tanto por mim. Claire já tinha 9 anos e eu descobri uma nova gravidez, então aceitei que ela fosse para a Bahia – uma decisão muito difícil, mas que se mostrou sensata com o passar do tempo. Com o anúncio da nova gravidez, minha vida mudou completamente. Eu estava com 27 anos e nunca tinha trabalhado: vivia apenas cuidando da minha filha e me divertindo, totalmente alheia aos perrengues da vida adulta.

Imagine o baque: "Veronica do céu, você tem quase 30 anos e não faz nada, o que vai ser da sua vida com dois filhos?".

Eu pensei: "Vou continuar em casa, assistindo *Naruto* e cuidando das crianças e ganhando mesada!".

A vida: "AH, NÃO VAI MESMO!".

Quando Panda chegou ao mundo, Claire estava morando na Bahia e eu fiquei algum tempo na casa que era do meu padrasto. Depois de alguns meses, tive que sair e descobrir por conta própria o que era a tal da vida adulta. Procurei um emprego como operadora de *telemarketing*, pedi a uma tia que cuidasse de Panda enquanto eu estivesse no trabalho e aluguei um quarto de pensão bem em frente à casa do meu padrasto.

Foi bizarro demais entender a dinâmica do trabalho: quer dizer, você sai de casa, pega condução, atravessa a cidade, sofre por horas num lugar fechado, com carpete, sem janelas para ver a rua, atende ao telefone e ouve as pessoas xingarem você por seis horas, intercalando com os xingamentos do seu supervisor, e depois faz o mesmo caminho de volta para casa em troca de um valor ridiculamente miserável? Sim, era isso mesmo.

Aí, no dia do pagamento, você quita todas as contas e fica ansioso para o pagamento do mês seguinte. Essa parte eu peguei rápido.

Há mais diferenças entre a Cidade Tiradentes e o Itaim Bibi do que pode imaginar a nossa vã filosofia.

Mas como a capacidade de adaptação do ser humano é impressionante, eu aprendi rápido a atravessar a cidade com um carrinho de bebê dentro do ônibus, peguei as manhas do trabalho, fui melhorando, troquei para empresas melhores, recebi salários melhores, me mudei para casas melhores e descobri o prazer de ver o progresso acontecer diante dos meus olhos.

Os anos se passaram. Eu já era supervisora de atendimento em uma boa empresa de *call center*, morando em uma casinha legal na periferia, quando fui surpreendida por uma notícia que não estava esperando.

Surpreendida não é bem a palavra. Durante um treinamento na empresa, eu me senti mal e cheguei a chorar, mas não sabia o que era. Chegando em casa fui informada do falecimento da minha avó. Guiomar, minha Guiomar... foi vítima de AVC.

Meu maior desejo é que minha "véia" tenha partido sabendo que fez o melhor possível por todas nós. Valeu, vó!

Ao final do ano letivo, Claire (que estava com 12 anos) retornou para São Paulo, para morar comigo e com o Panda, o irmão que ela ainda não conhecia. Foi uma loucura maravilhosa.

Percebe-se então que a vida é basicamente uma sucessão de "EITA" após "EITA" e que devemos sempre estar preparados para o próximo. O problema é que a gente nunca está.

Aprendemos a lidar com períodos mais ou menos difíceis, só difíceis ou megadifíceis.

Aí as pessoas me perguntam: "Como você se sente tendo terminado como faxineira?".

Quando ouço essa pergunta, e já ouvi mais vezes do que eu gostaria, a única resposta que posso dar é: "Mas eu não terminei, eu COMECEI como faxineira".

Não me canso de dizer que, desde o momento em que me tornei faxineira, todos os meus sonhos começaram a ser realizados, um a um, e, desde então, eu pude cultivar novos sonhos (um deles está neste momento em suas mãos).

2

Eu nunca soube limpar uma casa

"Ninguém nasce faxineira, torna-se faxineira."
O erro da maioria das pessoas é achar que qualquer um pode fazer o trabalho de uma faxineira. Se isso fosse verdade, o fenômeno do apartamento de 30 metros quadrados que leva dois dias para ser limpo pelo próprio morador não existiria.

Nunca tinha passado pela minha cabeça a menor possibilidade de trabalhar limpando a casa de outras pessoas: eu sabia fazer as coisas do meu jeito, mas replicar isso na casa dos outros, com as coisas dos outros, é algo totalmente diferente que exige outras habilidades. Como eu disse, eu trabalhava atendendo ao telefone, que também exige habilidades distintas – talvez só a paciência seja essencial às duas profissões, porém essa aí serve para todas, afinal de contas.

Paciência que a senhora minha mãe teve que ter em excesso com essa criatura aqui, que se negou terminantemente a entender os princípios básicos da limpeza durante um bom tempo da vida.

Eu sempre ouvi em casa aquela frase clássica: "primeiro a obrigação, depois a diversão". Então, tentava ao máximo agilizar as obrigações para chegar logo à parte da diversão.

Eu tinha minhas próprias regras, curtia uma anarquia e não via a hora de ser adulta para poder fazer o que quisesse na hora que desse vontade – e como doeu descobrir que *nunca* seria assim!

Pretendia ter na minha casa de adulta apenas utensílios descartáveis para que nunca precisasse lavar a louça. Noções de realidade e impacto ambiental não eram meu forte na adolescência.

Eu era adepta dos argumentos "não existe motivo para arrumar a cama, pois vou dormir nela novamente hoje à noite" e o maravilhoso "não faz sentido manter gavetas e armários arrumados, pois com as portas fechadas ninguém jamais vai saber que lá dentro está um caos". Além disso, eu nunca notava – e, pior, não me importava com – poeira, pequenas sujeiras e louça na pia. Tanta coisa mais importante acontecendo no mundo, sabe?

Minha mãe, no caso, não sabia. De alguma forma, numa casa cheia de crianças e com tanta coisa a ser feita, ela mantinha tudo sempre arrumado e limpo. E eu, por mais que não fizesse absolutamente nada para contribuir, percebia, e com o tempo passei a dar grande valor a isso.

Depois que minha mãe se separou do meu padrasto, lá no final dos anos 1990, nós moramos em diversos lugares pelo Centro de São Paulo – onde quer que desse para pagar o aluguel. Eu me mudei tantas vezes que hoje tenho ao mesmo tempo uma serenidade enorme para lidar com o estresse, pois domino todas as técnicas de mudanças, mas também pavor de pensar nas caixas, no trabalho que dá e em quantas vezes já fiz isso. Virou até piada: em todos os lugares aonde vou alguém ri dizendo "ela já deve ter morado aqui". Pior que muitas vezes morei mesmo!

Na separação, apenas eu e minha mãe saímos de casa. Meus irmãos ficaram com o pai deles, que se mudou para uma casa própria na periferia da Zona Leste. Eu continuei meus estudos no colégio particular com a ajuda da minha avó e, ainda que de vez em quando as coisas ficassem mais difíceis para a minha mãe, eu nem ficava sabendo. Estava sempre blindada achando que tudo estava bem, e honestamente nunca me esforcei para prestar atenção em nada. Adolescência, que período egoísta!

Foi assim que cheguei ao final da adolescência sem ajudar quase nada em casa. Minhas obrigações eram apenas com os estudos e ainda assim eu falhei, repetindo de ano na sétima série do Ensino Fundamental, por sérias dificuldades em matemática. Em minha defesa, e como desculpas à minha família que pagava altas mensalidades e me viu passar por esse fiasco, eu digo que até hoje não entendi a equação de segundo grau. Não foi por mal, aquilo realmente não entrou na minha cabeça.

Como já disse, engravidei durante o Ensino Médio. Eu era uma aluna bem mais ou menos e pensava em prestar vestibular para algum curso na área de comunicação, mas não tinha certeza do que eu queria. Não sei como alguém nessa idade pode ter clareza para definir os passos do seu futuro quando a gente não sabe lidar nem consigo mesmo!

Eu já namorava há alguns anos um garoto magrelo, surpreendentemente alto para os seus 16 anos, e passávamos o tempo em *shows* de *heavy metal* quando comecei a notar um sono incomum, que o cheiro de comida me enjoava, que a calça *jeans* estava ficando apertada... Fui ao pronto-socorro sozinha e ao descrever os sintomas o médico riu e disse: "Você está *muito* grávida".

Nem sei como encontrei o caminho de casa naquele dia. Decidi primeiro contar pro meu namorado, para que depois contássemos juntos para nossas famílias. A reação dele foi um tanto engraçada (ou pelo menos é agora, na hora foi apenas desesperador), pois ele chorou e disse que não queria, como se eu estivesse perguntando e não comunicando. Amigo, o pãozinho já está no forno, não estamos debatendo se você quer comprar a farinha...

Se tem algo de que posso me orgulhar é de ser prática. Percebi naquele momento que estaria sozinha e que, se me tornasse mãe, não poderia esperar nada dele. Então fui contar sozinha para nossas famílias. Ninguém recebe bem uma notícia dessas, e, depois que já aconteceu, todos viraram *experts* em saber como poderia ter sido evitado. Os pais dele nunca fizeram nenhum esforço para que ele assumisse as responsabilidades como pai, nem quiseram saber de ser avós. Eu também não fiz nenhuma questão da presença deles na vida da minha filha, então no fim das contas pareceu bom para todo mundo.

Contar para a minha mãe e minha avó... não foi fácil. Minha mãe tinha 35 anos na época, e ser avó naquela idade não estava nos planos dela, que havia inclusive acabado de ter outra filha. Ela vivia falando sobre as dificuldades de ter sido mãe adolescente, então como é que eu tinha caído nessa? Vendo pelo lado bom, como ela tinha acabado de ter minha irmã, eu herdei as roupas de gestante e minha filha as roupas da tia! Mas ela ficou muito brava e decepcionada, e eu não posso culpá-la por isso. Minha avó fazia uma cara de "você vai se dar tão mal que nem sei por onde começar a te contar", e isso me dava um certo pavor de levar a gravidez adiante. Por um bom tempo, imaginei que não teria o apoio delas também. Então foi num clima muito estranho em que a gravidez se passou: havia o espetáculo da escola, o namorado sumido, enjoos e vômitos diários, o medo de que a vida nunca mais fosse ser a mesma. E não foi mesmo, mas isso de forma alguma é algo negativo.

Fui sozinha para muitas das consultas e estava engordando

em um ritmo que preocupava meu médico. Tentava fazer exercícios, mas a cada vinte minutos de natação eu dormia uma hora na beira da piscina. Quando já estava chegando ao nono mês de gravidez, eu – que tenho um metro e meio de altura – havia passado de 46 para 70 quilos e andava parecendo um pinguim.

Quando entrei em trabalho de parto, deixei tudo preparado para a hora de ir ao hospital, mas estava ainda tranquila, então assisti a filmes, cochilei, avisei ao pai (nem sei por qual motivo) e o dia foi passando... Foi um processo mais demorado do que eu imaginava. Lembro que comecei a sentir as contrações mais fortes por volta do meio-dia, mas a bebê só nasceu às nove da noite do dia 12 de novembro de 1999.

Minha mãe precisou fazer uma viagem e não estava no país no dia, mas (não sei se vocês sabem) o sexto sentido de mãe não falha. Uma vizinha chamou a ambulância à tarde, quando eu já estava sentindo muita dor, e assim que eu entrei meu celular tocou: naquela época os celulares nem reconheciam chamadas internacionais e a tela mostrava só uma sequência de zeros. Minha mãe nem deu oi, já perguntou onde eu estava e, ao ouvir "ambulância", disse só "estou indo" e desligou. Mãe, né?

Quando minha filha nasceu, eu ainda não tinha pensado em um nome (podem rir, é como se não tivesse tido tempo pra isso). Na época estava passando uma novela em que a personagem principal – vivida pela Ana Paula Arósio – se chamava Giuliana, então médicos e enfermeiras a chamavam de Giuliana e eu ficava brava.

Minha mãe chegou ao hospital no dia seguinte. Então, aquela mãe que estava brava, a mesma mãe que disse "vai se virar sozinha", pegou a neta no colo e literalmente saiu pelo hospital mostrando a menina para todo mundo. Ai, ai...

E minha avó não ficou atrás, não: como eu disse, todos os mimos que eu recebia foram transferidos automaticamente para a bisneta.

Assim, o drama da gravidez adolescente foi se encerrando com um "Ahhh, que lindinha, deixa eu pegar no colo?".

Preciso comentar que no quarto em que eu fiquei havia outras duas pacientes, uma menina de 15 anos e uma mulher de 20 e poucos, que era a mais velha na maternidade. Recordo-me de pelo menos outras cinco mães adolescentes e, quando recebi alta, ouvi da enfermeira: "Até o ano que vem".

Eu disse que durante o trabalho de parto fiquei assistindo filmes, certo? Depois de quase duas semanas de pura agonia, com todos chamando a criança de "a neném", eu me lembrei que um dos filmes que tinha visto era protagonizado pela Claire Danes. O nome me veio como uma certeza, então ela se tornou Claire. Ah, o filme se chama *Casamento polonês*.

Não vou mentir aqui dizendo que foi fácil. Eu tinha o apoio da minha família, mas uma coisa ficou bem clara desde a gravidez: ninguém faria minhas escolhas por mim, e eu não deixaria de estudar. A amamentação, aprender a identificar cada choro, entender a dinâmica daquelas roupas esquisitas de bebê; tudo foi se desvendando pouco a pouco, com alguns toques de comédia e drama, como deixar a criança cair do carrinho de bebê ou ela arrancar um *piercing* da minha sobrancelha, cuja cicatriz ainda ostento.

A mãe de moicano azul estava sempre pronta para fazer as coisas, mas ouvia a desconfiança dos demais, que viviam perguntando à avó se era ela quem fazia tudo pela bebê que estava tão bem cuidada. Afinal, como confiar em alguém de cabelo azul e tatuagens?

Mal havia chegado na vida adulta e já estava claro que, se quisesse ser fiel às minhas vontades e ao que eu acreditava, eu teria que mostrar muito mais resultados que as outras pessoas. E, embora isso soasse ridículo mesmo para mim, eu queria incomodar.

Eu sempre gostei de cabelos coloridos, *piercing* e tatuagens. Acredito que já tenha pintado o cabelo de todas as cores possíveis. Comecei bem nova, com uns 12 anos, mas para *piercing* e tatuagens a regra em casa era de que eu poderia fazer quando completasse 18 anos. Eu já levava jeito para palestrante, pois falei *tanto* sobre o *piercing* que consegui fazer um pouco antes (inclusive, minha mãe teve de me acompanhar para que pudesse colocar). Fiz no umbigo e por isso teria que cortar todas as minhas camisetas para a barriga poder aparecer. Podem votar pela canonização da minha mãe que ela merece!

No dia em que completei 18 anos, fiz a minha primeira tatuagem, uma estrela pequena na nuca. É importante começar de leve. Hoje em dia nem sei mais quantas tatuagens tenho, mas lembro que a cada novo rabisco minha avó perguntava com cara de choro: "Mas vai sair?", e eu dizia que ia ficar pra sempre. Ao fazer esse colar que tenho com os "bonequinhos", cheguei em casa e minha mãe gritou: "NUNCA MAIS VAI ARRUMAR EMPREGO!". E eu sempre acabava fazendo mais uma. Algumas não têm grandes significados, mas os "bonequinhos" representam meus irmãos e meus filhos, outras são referências às bandas e aos filmes de que eu mais gosto, e tenho também uma xícara de chá com folhas de erva-mate e, claro, uma vassoura e um rodo. São pequenas coisas que definem um pouco quem eu sou. Ainda há bastante espaço, tanto para eu me descobrir como para desenhar.

Eu, minha mãe, minha irmã e minha filha ainda estávamos vivendo de mudança em mudança até que, depois de alguns anos nessa vida nômade, minha mãe e meu padrasto chegaram a um acordo e fomos morar em uma das casas que ele tinha na Zona Leste. Eu estava com 21 anos nessa época, e foi um choque me mudar para a periferia; tudo era longe e diferente demais do que eu estava acostumada. Fiquei com muita raiva de todos e só sabia reclamar, sem pensar em agradecer por estar estabelecida enfim em um lugar onde poderíamos morar por um período longo pela primeira vez em tantos anos.

Não fiz nenhuma amizade ali. Morei naquela casa por sete anos.

Quando se mora na periferia acontece um isolamento natural dos amigos, mas não sei dizer se naquela época era eu quem não queria chamá-los para ir até lá – por julgar que era melhor que eu fosse ao Centro da cidade, onde teríamos opções para fazer o que quiséssemos, ou talvez por acreditar que ninguém iria querer se deslocar até minha casa. Nem mesmo a maternidade tinha me separado dos meus amigos tanto quanto a mudança para um bairro distante. Nesse momento, eu comecei a desejar voltar a morar na região central, mas até hoje isso não aconteceu.

Algum tempo depois, minha mãe e minha irmã saíram da casa e ficamos apenas Claire e eu. Eu passava os dias cuidando dela e não via necessidade de colocá-la na escola, pois estava disponível o tempo todo. Quando ela enfim ingressou na escola, aos 6 anos, já sabia as cores e os números e escrevia e lia muito bem, pois eu havia ensinado em casa. Eu ganhava dinheiro da minha avó, as tarefas da casa eram feitas por outras pessoas, eu mal cozinhava, não sabia lavar roupa e ia ao mercado apenas para comprar coisas que na minha cabeça pareciam essenciais: bolacha, salgadinho e refrigerante.

Anos depois do nascimento da Claire, eu – que já tinha me assustado ao chegar aos setenta quilos – já pesava quase noventa. Vivia basicamente assistindo anime e comendo. Já estava com 27 anos e não tinha obrigações a não ser com a Claire. Hoje sei que era uma pessoa inútil em muitos aspectos, e me dói pensar que, se eu tivesse feito algo naquela época, hoje poderia estar morando numa casa própria. Eu poderia ter estudado ou feito outras coisas, mas apenas deixei o tempo passar. Aos finais de semana, minha avó ia para casa, a gente conversava, ela fazia comida boa (não as bobagens que eu comia) e, por volta das dez da noite, eu saía para ver minhas amigas, ir a algum *show* ou alguma balada.

Certa vez eu me perguntei, muito honestamente, como deixei que as coisas chegassem àquele ponto, concluindo que "ninguém me avisou" que a vida estava passando e eu precisava fazer algo. Isso é muito triste e hoje eu sinto apenas vergonha.

Minha filha já estava se tornando uma moça e eu estava naquela vida morna e sem graça havia anos. O que mais poderia acontecer? Sim, isso mesmo: uma nova gravidez!

Olhando em retrospecto, eu não me vejo uma pessoa muito inteligente... De onde tirei a ideia de que a vida me permitiria colocar outra pessoa no mundo? Mas, mesmo antes da produção e sem pensar nas consequências, meu namorado e eu já tínhamos o nome: Panda.

Não, o nome de batismo do Panda não é Panda, mas ele sempre foi chamado assim.

Muito diferente da primeira vez, tive uma gravidez tranquila. O que não mudou foram os enjoos e o ganho de peso: agora a balança já atingia os três dígitos; eu estava pesando 102 quilos no dia do meu parto, que precisou ser cesárea por conta da obesidade. E a reação da família também não mudou. A reprovação dessa vez veio acompanhada de um chacoalhão: depois de ter o bebê, eu deveria começar a trabalhar e desocupar a casa onde estava. Risos nervosos.

Minha avó já tinha dito que queria ir embora com a Claire para a Bahia, lembram? Esse foi o momento em que eu percebi que seria o melhor. Eu não sabia cuidar nem de mim, como ia trabalhar e cuidar de dois filhos morando sozinha? Então, no nono mês de gravidez, Claire e minha avó se mudaram. Eu nunca chorei tanto na minha vida até então.

Panda nasceu em setembro de 2008, com uma carinha graciosa de panda, mas seu nome é Ian, inspirado no vocalista da banda Joy Division, Ian Curtis. Eu ainda não sabia, mas a chegada dele mudaria absolutamente tudo o que eu sabia sobre mim mesma e sobre o mundo.

Passou ainda algum tempo até que eu me mudasse e começasse a trabalhar e viver a vida – incluindo aí fazer aquelas coisas que eu nunca tinha feito de verdade, coisas estranhas como pagar boletos e limpar a casa. Veronica, 28 anos e centenas de milhares de tentativas fracassadas de fazer arroz.

Eu havia me mudado para um quarto de pensão na mesma avenida onde meu padrasto morava e me apeguei à ideia de que precisava estar perto caso acontecesse alguma emergência. Tinha uma TV de tubo, alguns utensílios de cozinha e um colchão. Fui trabalhar no *call center* e descobri que não tinha paciência para ser maltratada pelos clientes e pelos chefes, pois até então ninguém jamais me dissera que eu não podia fazer algo.

Cada dia eu parecia descobrir uma nova forma de ser estapeada pela vida. O supermercado, que antes era um lugar legal onde eu pegava refrigerantes, virou meu arqui-inimigo: por que o sabão em pó era tão caro? Ninguém tinha me avisado sobre aquilo. E eu sentia falta da minha filha e da minha avó. Queria que elas conhecessem o Panda e vissem que eu estava me esforçando.

Pouco tempo depois, eu consegui um emprego melhor, saí do quarto de pensão e aluguei uma casa ainda no mesmo bairro do meu padrasto e irmãos, também perto da casa da minha mãe. Em cerca de um ano, a casa estava mobiliada. Era tudo bem simples e barato, mas conquistado com meu trabalho. Eu estava começando a lidar melhor com a vida adulta, ainda que tropeçando muito – e um dos meus grandes tropeços se chamava cartão de crédito.

Às vezes, eu perdia completamente a noção e me dava um presente para esquecer o quanto tudo estava sendo difícil: uma roupa, uma comida diferente... Quando Panda completou um ano de vida, eu e o pai dele o levamos a uma lanchonete muito cara. O lanche custou quase metade do valor do meu aluguel, que, é claro, eu acabei atrasando naquele mês. Esses gastos não programados viraram algo que passou a me acompanhar por toda a vida adulta: acabei endividada. Eu me desfiz de muitas coisas para conseguir pagar as contas: roupas caras, CDs, bolsas.

Nunca faltava nada para o Panda, e o pai dele sempre ajudou da melhor forma que podia, mas decidi que meu filho iria morar com ele e eu poderia trabalhar em dois empregos para quitar as dívidas do cartão. Só que não foi fácil.

Certa vez, ao sair do segundo emprego, eu dormi no ônibus

e fui parar no ponto final, bem longe de casa, depois da uma da manhã. Andei sozinha por ruas que não conhecia, apavorada. Não existia Uber naquela época, e mal se encontram táxis nas ruas da periferia de dia, muito menos durante a madrugada. Mesmo se houvesse algum, custaria uma boa parte do meu salário, então não tive escolha senão esperar outro ônibus passar. Só cheguei em casa às três da manhã, sã e salva por algum milagre, como vez ou outra acontece comigo. É um fenômeno impressionante que eu tenha sobrevivido até os 39 anos.

Também por conta do cansaço em manter dois empregos, uma vez cheguei em casa, coloquei feijão no fogo e me sentei na cama para esperar o cozimento. Só que liguei a televisão e dormi ali mesmo. Acordei horas depois com o nariz entupido, a casa completamente coberta por uma fumaça preta e o fogão em chamas. A porta de alumínio da casa tinha um vidro que rachou pelo calor – a panela ficou tanto tempo no fogo que a água secou e o pino da tampa derreteu; a casa inteira (era um quarto e cozinha) cheirou a queimado por semanas e o teto da cozinha ficou completamente preto. Foi o feijão mais caro de toda a minha vida.

Aos poucos, fui percebendo que havia adquirido o gosto por limpeza. Eu me sentia satisfeita em ver as coisas limpas e cheirosas; de certa forma, limpar a casa acalmava um pouco da ansiedade que sinto até hoje, pois é umas das poucas coisas sobre as quais eu tenho controle absoluto. Já havia percebido essa necessidade de manter as coisas arrumadas, pois sou aquele tipo de pessoa que coloca cartões de visita em ordem quando está numa sala de espera, ou que arruma os capachos da porta dos outros, e até já me peguei agoniada por ver uma fileira de chicletes verdes com um vermelho perdido entre eles no balcão da farmácia (claro que precisei arrumá-los, caso contrário a ordem mundial estaria ameaçada).

Quando penso sobre todo esse processo de amadurecimento tardio que precisei atravessar, e que aconteceu de forma tão atrapalhada, não costumo questionar se foi certo ou errado. No fim, o resultado foi bom. Tudo poderia ter dado errado de tantas formas: eu poderia ter me revoltado contra a minha família, poderia ter me abandonado e desistido de lutar... Fico feliz que não tenha sido assim, apesar dos percalços.

Hoje eu acho até engraçada a forma como encarei as coisas; olhando de longe, não parece mais que foi tão doloroso.

A única certeza que eu tenho é que, independentemente das escolhas que fazemos, sempre podemos ficar olhando para o teto nos perguntando se deveríamos ter feito algo diferente – mas isso não leva a nada.

3

Meu sonho era ser VJ da MTV

Eu me lembro muito bem das minhas aspirações profissionais quando eu era criança, e hoje percebo que elas eram coerentes desde aquela época. Eu não era daquelas garotas que queriam ser professora, médica, atriz e astronauta na mesma vida.

Eu já disse aqui que queria ser Paquita, lembram? Algum tempo depois, já alfabetizada, pensei em duas outras profissões que deveriam ser muito legais: escritora de livros infantis ou jornalista, quem sabe âncora de telejornal. Por morar bem em frente a uma biblioteca, eu conhecia muitos autores infantojuvenis e em algumas ocasiões até os vi de pertinho lá, em eventos organizados pela própria biblioteca. Certa vez, lá pelos meus 8 ou 9 anos, cheguei a mostrar alguns escritos para Ruth Rocha. Mesmo morrendo de vergonha, tive a cara de pau de dizer "Vou escrever um livro um dia", e ela leu e acenou que sim com a cabeça. Pronto, dali em diante eu sabia que isso aconteceria uma hora.

Tínhamos uma máquina de escrever em casa e eu amava fazer pequenos contos, transcrever letras de música ou inventar *slogans* para produtos que eu criava na hora, como a bolacha recheada Yupiii. Infelizmente eu não consigo mais lembrar o *slogan*, mas era algo como "fazer a sua tarde feliz com Yupiii". Aos 11 anos, eu nem sabia se existia uma profissão que cuidasse disso, então a brincadeira era chamada de "fazedora de comerciais". Alô, publicidade, olha que oportunidade de ressignificar!

Não era difícil perceber que as minhas pretensões eram totalmente de humanas: eu queria escrever, falar, contar coisas, me expressar. No início da adolescência, eu me dedicava bastante à música, fazendo parte do coral da escola, e também aos esportes, jogando vôlei no time que representava o colégio em competições com outras escolas do bairro. Também praticava futebol, handebol e fora do colégio fazia natação na unidade do Sesc na rua de casa. Lá existe até hoje um centro de ensino musical. Depois de nadar, eu gostava de passar por lá e assistir às aulas de bateria para os alunos iniciantes. Bateria é um instrumento de que sempre gostei, mas a gente morava num apartamento pequeno e cheio de crianças. Minha mãe falava que teria que se desfazer dos filhos para colocar uma bateria em casa e nunca me deixou aprender a tocar. Aos 14 anos, fui até a Galeria do Rock e comprei um par de baquetas, então colocava o álbum preto do Metallica para tocar e batia nas almofadas... A gente faz o que pode.

Mas eu descobri que existia o emprego dos sonhos em 1990, com a estreia da MTV Brasil. Eu via a Astrid Fontenelle em pé com um pezinho para a frente, falando sobre música em um estúdio com fundo verde em que eram projetadas umas animações hoje bem bregas, mas que eu achava maravilhosas, e decidi: eu ia trabalhar na MTV.

Queria fazer faculdade de Rádio e TV, lia todas as revistas musicais da época e fui aprendendo a falar inglês por causa das músicas. Tudo isso, na minha cabeça, era o início de uma promissora carreira na televisão musical.

À medida que fui crescendo, percebi que o apoio inicial da minha família ia perdendo força. Alguns comentários da minha mãe foram minando minha confiança e, aos poucos, meus desejos de seguir uma carreira na comunicação foram morrendo um a um. A princípio eram aquelas dúvidas comuns e compreensíveis que os pais têm: "Essas coisas aí de música não vão dar em nada" ou "Você não vai ganhar dinheiro, esquece isso que é difícil". Quando esse tipo de coisa não me fazia desistir, eu ouvia "Mas você não fala inglês" ou "Sua voz é anasalada, você não serve pra se comunicar" e, um dia, a pior de todas: "Você jamais vai aparecer na TV com esses dentes tortos".

Opa: aí eu me senti atingida. Tinha uma péssima dentição: meus dentes eram tão tortos que os de cima não encostavam nos de baixo, além do canino ficar bem acima de todos os outros. Eu recorria ao alívio cômico para não sofrer com as gracinhas dos outros, fazendo a piada de que era "o dente de abrir potinho de iogurte". Então o comentário da minha mãe me fez pensar: "Quem aparece na TV com dentes feios?". Lembrei-me de comediantes que também faziam piadas com seu próprio problema, mas um jornalista, apresentador de TV, ator... não tinha nenhum.

De fato, eu não poderia trabalhar na televisão.

Jamais quis acreditar que esse tipo de comentário fosse mal-intencionado, pois que mãe gostaria de fazer um filho seu sofrer ao colocá-lo pra baixo? Talvez nem mesmo ela acreditasse que aquilo me atingia de forma tão dolorida, mas me lembro de cada coisa que já ouvi, ainda que faça muito tempo.

Em 2002, a MTV fez um concurso para escolher um novo VJ e acho que nunca me senti tão triste na vida por não ter tido coragem de ir em frente e tentado.

Não demorou para que a minha autoestima fosse diminuindo cada vez mais, à medida que eu me via incapaz de buscar as coisas que realmente queria. Eu procurava saber sobre cursos de Rádio e TV, sobre Jornalismo, mas não tinha certeza se era possível, pois já tinha internalizado que não ia dar certo.

Com o tempo, desisti completamente de aprender a tocar qualquer instrumento musical. Até hoje, nunca tive coragem nem ao menos de segurar uma guitarra, baqueta ou seja lá o que for. Também parei de cantar e fui deixando os esportes de lado; já não tinha mais vontade de fazer nada. No final da adolescência, eu já me via muito apática e sem nenhuma pretensão profissional.

Uma lembrança em especial me faz pensar no momento em que eu tive a certeza de que nada que fizesse seria o suficiente, e que eu não deveria falar meus sonhos em voz alta: disse à minha família que trabalharia na *Folha de S.Paulo* e minha mãe retrucou "Só se for na limpeza!". Todos riram, e eu entendi que aquilo não era para mim.

Eu ia a muitos *shows* de bandas de amigos e sentia certa tristeza ao ver que eles desenvolviam suas habilidades, escrevendo, tocando, se apresentando. Eu me sentia muito sem talento em comparação a eles, o que me causava ansiedade e mágoa. Em uma época, resolvi escrever *fanzines punk* e relembrei o quanto gostava de escrever. Fazia-os à mão, tirava xerox e os trocava nos *shows* pelos *fanzines* de outras pessoas. Também enviava pelo correio para todo o país, conhecendo gente de todos os lugares e compartilhando ideias sobre música, comportamento e coisas do tipo. Na era da internet, isso parece coisa de uns cem anos atrás! Mas foi uma forma de colocar para fora minhas ideias e dar forma a uma criação de conteúdo que eu sentia que precisava fazer. Até hoje tenho muitos amigos da época das cartas, foi um período sensacional!

Ainda me pego pensando sobre o impacto que todas essas

atitudes em casa tiveram em quem eu me tornei com o passar dos anos. Será que minha mãe não queria que eu sonhasse alto e me frustrasse? Será que ela não confiava no meu potencial? Será que de fato eu não tinha capacidade?

Claro que isso rendeu boas horas de terapia depois que me tornei adulta, e teve também um enorme impacto na forma como eu encaro a maternidade. Uma coisa é a gente dizer "eu jamais faria isso", outra é a realidade se confrontar com você. Quando minha filha chegou ao final do Ensino Médio, falou comigo sobre a vontade de cursar Artes Cênicas. A minha reação imediata foi: "Não posso pagar uma faculdade cara como essa sem nenhuma garantia de que você vai trabalhar na área; artista passa fome, minha filha, pensa em algo mais próximo da nossa realidade".

Foi uma das piores noites da minha vida, pois eu me vi agindo da pior forma possível. Eu queria dizer que ela poderia tentar o que quisesse, mas a fome e as contas a pagar parece que atingem a gente com mais força do que os sonhos.

No fim das contas, ela iniciou a faculdade de Pedagogia. No meio do curso estava triste e desanimada, então mudou para Artes Visuais. Algo dentro de mim sorriu pela coragem dela em mudar, enquanto a parte que pagou pelo curso de Pedagogia berrava e se descabelava por dentro. Ser mãe é divertidamente tenso.

Como não queria que minha filha desistisse completamente de suas pretensões artísticas, eu a ajudei a se matricular em um curso livre de Teatro oferecido pelo governo estadual. Ela o cursou por quatro anos, aprendendo a atuar e produzir peças de teatro. Vê-la no palco foi um dos momentos mais emocionantes da minha vida e sempre quero estar ao lado dos meus filhos para apoiá-los em suas decisões.

No final das contas, nenhuma faculdade, diploma ou curso

será garantia de uma carreira bem-sucedida, de uma vida estável ou de dinheiro no bolso. Não existem certezas, então a gente só pode dar o máximo de si, tanto para nós mesmos quanto para nossos filhos. Hoje faço questão de incentivá-los a conhecer possibilidades, encorajo suas habilidades e sempre conversamos sobre dinheiro, mas também sobre como temos de nos preocupar com a nossa qualidade de vida e saúde mental. Ainda que a ideia de jogar tudo para o alto e viver "vendendo arte na praia" seja um pouco mais distante para quem vem da quebrada, quero que eles sonhem e saibam que tudo é possível.

Um exercício da mais pura inutilidade que adoro praticar é aquele do "E se tudo tivesse sido diferente? Onde eu estaria agora?".

E se eu tivesse cursado uma faculdade? Se tivesse aprendido a tocar algum instrumento e montado uma banda? Se tivesse trabalhado na TV? Teria a Claire e o Panda? Escreveria este livro? Teria a história de vida que eu tenho para contar?

O tempo fez com que eu aprendesse a respeitar a minha história e sua completa falta de linearidade, incluindo as coisas totalmente sem sentido que fiz (pois pareciam boas ideias naquele momento) e entender que foi essa a construção de trajetória que me coube, sendo ela difícil, triste ou o que quer que seja. Costumo pensar que quem tem tudo muito fácil e uma vida muito leve não se emociona. "Se fosse fácil se chamaria miojo, não vida."

Mas só porque não me tornei musicista, não quer dizer que não tenha trabalhado com música.

Durante a adolescência, eu era leitora ávida do Folhateen, o caderno da *Folha de S.Paulo* voltado aos adolescentes, e dali saía boa parte do meu vasto conhecimento musical. Eu adorava o Álvaro Pereira Júnior, que escrevia a coluna chamada "Escuta Aqui", e também aprendia muito com o André Forastieri, que escrevia na revista *Bizz*, mas tinha a maior raiva dele, pois ele falava mal do Guns n' Roses e eu amava a banda.

Certa vez, ao final da coluna, ele pediu a uma rádio para ceder espaço para que eles voltassem a fazer um programa, e pouco tempo depois estreava o Garagem na rádio Brasil 2000 FM. Eu ouvia toda segunda-feira. A rádio ficava perto de casa, o que me deu a ideia de ir até lá conhecê-los durante o programa de Natal de 1999. Levei um panetone para eles e qual foi minha surpresa: o programa faria uma promoção que iria premiar o primeiro ouvinte que chegasse lá com um panetone! Foi incrível ver a gravação sendo feita ao vivo e finalmente conhecer aqueles que ajudaram a moldar meu gosto musical.

Voltei ao estúdio várias vezes. Passei a observar como eram feitas as coisas e, quando menos percebi, estava fazendo parte da equipe, atendendo os ouvintes por telefone, ajudando com os convidados e auxiliando a produção.

O programa terminava às duas da manhã e eu descia a rua até a minha casa a pé porque não havia Uber, e andar de táxi estava fora de cogitação. Assim nasceu o apelido "Destemida Veronica", que faria companhia à "Espetacular Larissa" e ao "Escravo Gabriel e Escravo Geraldo" (no final dos anos 1990 podia falar essas coisas, calma), além dos apresentadores Paulão e André Barcinski e dos dois já citados antes.

Diversas vezes eu me pegava surpresa por estar próxima

de profissionais tão bons, que faziam exatamente o que eu sempre quis: Álvaro é editor-chefe do programa Fantástico, da Rede Globo; Paulão, na época, era editor de esportes da Globo; Barcinski escreveu as biografias da banda Sepultura, do Zé do Caixão e do João Gordo; e Forasta era editor na Conrad. Todos eles me inspiram até hoje de tantas formas, e foi uma honra ter feito parte do Garagem durante aquele período.

Participei do programa até 2004. Nesse tempo, conheci muitas pessoas e bandas, fui a *shows* maravilhosos, estive muito perto daquilo que sempre me encantou mais que tudo no mundo: a música. Também pude conviver um pouco com Kid Vinil, que foi diretor da rádio naquela época e uma das pessoas que mais admiro por seu conhecimento musical, e conheci vários VJs da MTV, meus colegas de trabalho no mundo dos sonhos!

Mas nem tudo são flores: quando se está perto demais daquilo que se admira muito, a gente acaba tendo a chance de ver o lado ruim também. Eu me deparei com situações desagradáveis com artistas e vi como a indústria da música funciona de forma cruel. Tive a sensação de que, se decidisse entrar nessa profissionalmente, ia perder a única coisa que amava de forma incondicional.

A música é o meu refúgio, a coisa que mais me faz bem e cuida de mim. Se virasse o meu trabalho e um dia eu sentisse que ir a um *show* seria apenas parte de uma agenda de compromissos, o que me sobraria como alívio para todas as dores do mundo?

Foi uma decisão tão consciente que eu até me assusto com a maturidade dela.

Mas os momentos do Garagem (incluindo entrevistas com as pessoas mais nada a ver do mundo, como Ivo Holanda, das pegadinhas do programa do Silvio Santos, ou o cantor Vinny, de "Mexe a cadeira"), as bandas que passaram pelo estúdio da rádio e que eu vi de pertinho como se fosse um *show* em que eu era a única pessoa na plateia, as respostas dos ouvintes nas promoções malucas e a inesquecível Ana Maria Broca, a furadeira que era usada para destruir CDs de bandas ruins (Tribalistas, Caetano Veloso e Biquíni Cavadão foram vítimas) – tudo isso vai ficar pra sempre nas minhas lembranças.

Como eu disse antes, estar rodeada de pessoas bem-sucedidas em suas carreiras me deixava muito angustiada por não saber o que eu seria "quando crescesse". Uso as aspas porque eu já tinha crescido bastante. Não é justo ter que decidir sobre o futuro na adolescência, mas entrar na vida adulta cheia de dúvidas e incertezas só faz com que você seja visto como alguém que "não quer nada da vida", e por fim eu decidi que era isso mesmo. Nada era para mim.

Nesse meio-tempo, meus irmãos começaram a estudar coisas do interesse deles, a fazer faculdade e cursos técnicos, e mais uma vez eu me senti ficando para trás. Embora o tempo estivesse passando e eu apenas observando todo mundo evoluir, não era como se eu estivesse indiferente – eu sabia que havia algo errado, mas ao mesmo tempo não sabia o que fazer e me sentia tremendamente incapaz.

Não sei quando foi que aprendi que para ser alguém as pessoas precisavam ter estudo, mas sei que minha mãe fez apenas o Ensino Fundamental e por isso mesmo quis ver os filhos em um bom colégio. Era difícil cursar o Ensino Superior naquela época, final dos anos 1990, e me lembro que só quem tinha bastante grana conseguia fazer faculdade – ou tinha que ser muito bom para passar no vestibular da Fuvest, um dos mais concorridos do Brasil. Eu não me encaixava em nenhuma das duas categorias, apesar de ter estudado em um ótimo colégio. Essa crença de que sem um diploma debaixo do braço eu jamais conseguiria um bom emprego me perseguiu por tanto tempo que por diversas vezes recusei oportunidades que me foram dadas alegando que "não tinha estudado para isso".

Quando vemos aquelas histórias de pessoas incrivelmente bem-sucedidas que abandonaram a faculdade e graças ao seu próprio esforço chegaram ao topo, não podemos nos esquecer de que elas já tinham uma estrutura enorme para levar adiante seus projetos e que a chance de sucesso nesse caso é bem grande. Então, não adianta comparar o Mark Zuckerberg com o carinha da faculdade Uni-qualquer-coisa da periferia. Largar tudo para seguir um sonho é muito bonito, mas pouco palpável para quem não tem a vida encaminhada.

Ao longo da vida conheci muitas pessoas que, embora não tivessem um diploma, eram extremamente bem-sucedidas em suas áreas de atuação. Descobri que um dos maiores jornalistas do meu tempo, Ricardo Boechat, não falava inglês, entre vários outros exemplos. Até que, em 2019, eu tive a oportunidade de fazer o curso de Marketing em uma faculdade que me ofereceu uma bolsa integral após eu ministrar uma palestra para seus alunos. Imaginem a emoção! Comprei um caderno bonito, canetas coloridas, arrumei tudo tão orgulhosa e feliz e percebi que… não era aquilo que fazia com que as pessoas se tornassem alguém.

Foi derrubado o mito que eu mesma tinha criado de que os professores universitários eram altamente sábios. Não sei por que eu os envolvia nessa aura de superioridade, mas ela caiu por terra quando vi que a faculdade não era nada daquilo que eu imaginava, apesar de ter sido um ano incrivelmente produtivo e desafiador.

Ir à faculdade com mais idade é uma experiência divertida: você tem maturidade para lidar com as situações de uma forma que os recém-saídos do Ensino Médio, que nunca enfrentaram o mercado de trabalho, ainda não aprenderam. Porém, o estresse dos trabalhos em grupo é o mesmo, não importa a idade que você tenha. As apresentações sempre ficaram sob minha responsabilidade depois que a galera descobriu que eu fazia palestras!

As discussões em sala eram a minha parte preferida, e eu conseguia aproveitar melhor as aulas em comparação à molecada que ficava paquerando e olhando o celular. Se eles soubessem o tamanho do privilégio que era acordar tarde e ter tempo para estudar e depois ir para a aula, enquanto alguns tinham apenas o trajeto da condução para ler a matéria, meio cochilando, meio com fome... Ah, eles nem faziam ideia!

Infelizmente não deu certo por uma série de fatores. Um deles era que eu trabalhava demais: saía de casa de manhã para fazer faxina, terminava no fim da tarde e, exausta, ia direto para a faculdade, tendo que comer fora todos os dias (o que saía muito caro), então chegava na aula sentindo o antebraço pulsando de dor, suada, com um leve perfume de desinfetante e tristeza (fragrância personalizada). Eu acabava dormindo durante as aulas, o que me fazia voltar para casa chorando, e, ao chegar quase à meia-noite sabendo que tinha que fazer algum trabalho ou cuidar das coisas da casa para sair cedo novamente no dia seguinte, ficava bastante desanimada. Sem contar os dias em que eu tinha alguma palestra, evento ou viagem a trabalho que me obrigavam a faltar. Não era muito justo com a instituição que havia me presenteado com a bolsa de estudos e não era justo comigo, que não conseguia aproveitar a oportunidade de aprender da forma adequada e só ficava cada vez mais ansiosa.

Foi triste desistir do curso. Por mais que eu tivesse entendido que o diploma não me tornaria alguém "melhor", eu realmente gostava de estudar e era uma ótima aluna, ao contrário do que acontecia no Ensino Fundamental e no Médio, quando nem tudo era do meu interesse e eu me esforçava apenas para passar de ano. Na faculdade eu via efetivamente a utilização prática daqueles conhecimentos, e aquilo me incentivava ainda mais a me destacar. Por isso, sempre que possível faço algum curso livre na área de *marketing*, comunicação e redes sociais, além de empreendedorismo e negócios. Sinto-me tão feliz quando estou estudando que queria inclusive usar este espaço para dizer aos meus pais que, olha só: demorou um pouquinho, mas agora eu gosto de estudar!

Sempre é desafiador aprender algo novo, mas acabo dando meu jeito quando quero muito alguma coisa. Como disse, amo música e pretendia ser VJ, por isso queria entender as letras que ouvia em inglês e de quebra me aproximar do meu sonho. Eu tinha um pequeno dicionário e os encartes dos discos, então ia traduzindo as músicas do meu jeito e aprendia a pronúncia cantando. Aos 16 anos, comecei a ler uma revista de *rock* inglesa chamada *Kerrang!* e a traduzia inteira usando meu dicionário – levava mais ou menos uma semana pra ler tudo. Até que tive uma ideia brilhante:

pedi para minha mãe uma TV com a função *closed caption* (aquela legenda auxiliar para deficientes auditivos). Como tínhamos TV por assinatura, eu assistia *Friends* com o áudio original, e em cima da legenda do canal subia o *closed caption*, então eu podia treinar ao mesmo tempo a escuta, ao ouvir as falas das personagens, a escrita, pelas legendas, e a pronúncia, ao repetir palavras que eu não conhecia. "Tá, mas e a legenda em português?", você deve estar se perguntando. Eu não via a tradução; caso não conhecesse alguma palavra, olhava no dicionário! Era trabalhoso? Pensando que hoje em dia existe Google Tradutor, era sim, mas lembre-se que nós sabíamos de cor o número do telefone de todo mundo. Éramos mais acostumados a não achar tudo tão rápido naquela época.

Até hoje eu não tenho fluência em inglês, mas consigo me virar muito bem com o que aprendi desse jeitinho torto.

Mas, se houve um aprendizado *realmente* desafiador na minha vida, foi aos 25 anos, quando aprendi a ler e escrever novamente.

Sim, eu aprendi tudo de novo, mas em japonês. Tive um namorado completamente apaixonado pela cultura japonesa e que adorava animes e mangás. Eu não era tão interessada assim, mas de vez em quando nós assistíamos juntos algumas coisas. Depois do fim do relacionamento, decidi dar uma nova chance aos animes e fiquei louca! Tem animes e mangás sobre absolutamente qualquer assunto e para todas as idades. Eu comecei a assistir *Naruto* quando tinha uns 23 anos e percebi com o tempo que entendia com certa facilidade a língua japonesa, então passei a estudar em casa outra vez como havia feito com o inglês. Mas tinha um pequeno detalhe, ou melhor, três detalhes chamados *hiragana*, *katakana* e *kanji*: os três sistemas de escrita da língua japonesa. Decidi então estudar na Aliança Brasil-Japão, referência no ensino do idioma e onde fica o Museu Histórico da Imigração Japonesa no Brasil. Fiz os três primeiros anos e só parei devido à gravidez do Panda, mas levar adiante algo tão difícil foi uma forma incrível de me desafiar. A satisfação em ter terminado o primeiro módulo com a nota mais alta da sala sendo a única não descendente de japoneses foi enorme. Hoje em dia sei o básico, pois não treino tanto quanto anos atrás, mas sempre que posso exercito um pouco a escrita.

Se você nunca tentar algo novo, não saberá até onde pode ir. Estou pensando inclusive em um dia aprender um pouquinho de alemão... quem sabe?

4

No *telemarketing* também batem corações

Trabalhar em *call center* nem sempre é escolha, é castigo. Se você não tem estudo ou oportunidade, isso acaba sendo um destino: você vai cair lá mais cedo ou mais tarde.

Do alto da minha ingenuidade, achei que era um trabalho fácil; afinal de contas, a pessoa fica sentada falando ao telefone por meio período. Esqueci de contabilizar os contras: eu trabalhava por seis horas, mas passava no transporte, entre ida e volta, cerca de três horas e meia num dia bom. Só tinha 15 minutos de intervalo e não existia a pausa de descanso naquela época, então só podia comer, fazer xixi, esticar as pernas, falar com os colegas e tentar esquecer os horrores do expediente naqueles valiosos 15 minutinhos.

Ah, depois que inventaram a pausa de descanso (20 minutos divididos em 10 no início da jornada, depois mais 10 no final), aumentaram a carga horária em – adivinha! – 20 minutos. Não tente entender, eu tentei e acabei desistindo.

Meu primeiro emprego em atendimento foi em uma empresa terceirizada que atendia operadoras de telefonia. Mimada como eu era e sem entender como funcionava o trabalho, não suportei nem um ano. Os clientes me irritavam, meus superiores me irritavam e, principalmente, o pessoal que trabalhava comigo me irritava demais. Na primeira vez que me chamaram a atenção, eu já bradei um "Com quem eu falo pra ir embora daqui?" e fiquei emburrada o resto do dia, do mesmo jeito que fazia quando meus pais diziam que eu não podia sair. Até entender que jogar tudo para cima e xingar os chefes não podia ser a regra, e sim a exceção das exceções, eu penei muito.

Depois que pedi demissão, fui trabalhar em outra empresa terceirizada, no atendimento de TV por assinatura. Com o tempo, aprendi a relevar meus chefes, colegas e situações em nome de ter o "faz-me rir" na conta no último dia do mês. Parabéns, estava me tornando uma mocinha!

Também aprendi a deixar claro que era habilidosa, então não foi difícil ser promovida, ainda que não tivesse curso superior. Já que a vida no atendimento era recheada de situações desagradáveis, aprendíamos a nos divertir com a desgraça alheia, como as mais criativas variações de nomes dos clientes (eu amo todas as variantes do nome Walt Disney, entre as quais a principal é VALDISNEY, assim como os MAICON DOUGLAS e JEQUISSON) ou as situações que eles passavam, desde técnicos que instalavam a TV e roubavam a esposa do assinante (sim, já reclamaram disso) até a pessoa em desespero após travar seu filme de, digamos, entretenimento adulto – se é que você me entende.

Lidar com pessoas torna a gente mais forte, isso é fato. Por mais sofrida que tenha sido a rotina de *call center*, ela me permitiu desenvolver uma empatia que talvez eu não tivesse hoje se nunca tivesse trabalhado com atendimento por telefone.

Depois de ter passado pelas áreas de atendimento, treinamento e supervisão de equipes, enfim deixei de trabalhar em empresas terceirizadas para ser funcionária do *call center* próprio de uma seguradora de veículos. Na prática, o atendimento em si não muda nada, mas o salário e os benefícios eram mais dignos.

Nesse momento, eu achava que já tiraria de letra qualquer coisa relacionada ao atendimento, até que essa empresa me apresenta à incrivelmente tola política de trocar o nome dos funcionários (a ideia era que a gente não sentiria o peso das agressões verbais se fossem dirigidas a outro nome que não o nosso). Não só achei sem sentido, como ainda me senti completamente transtornada a partir do momento em que recebi o crachá com o nome de CLEUSA. Já que era para sofrer com outro nome, que pelo menos tivessem me deixado escolher o meu – que teria sido algo bem chamativo, tipo SHARON MOON.

Depois de finalizado o treinamento, que incluía assistir a aulas de geografia, português e etiqueta, além de ser rebatizada, recebi a orientação de que não poderia deixar minhas tatuagens à mostra no ambiente de trabalho e deveria avisar meus superiores caso tivesse a intenção de pintar os cabelos (lembrando que eu atendia ao telefone, de modo que um total de zero clientes saberia se tinha ou não tatuagens ou cabelo colorido). Nessa época, já tinha antebraço, pulsos e pescoço tatuados, o que me levava a usar mangas compridas e um lencinho amarrado no pescoço mesmo que estivesse fazendo 39 graus. Era bizarro.

Minha rebeldia se fez presente ao nunca atender pelo nome de Cleusa nas dependências da empresa. Poderia ser obrigada a usá-lo ao telefone, mas com as pessoas lá dentro era ridículo. Fiz todo o possível para derrubar essa prática e, para minha felicidade e de muitos funcionários, deu certo! Hoje em dia todos trabalham com seus nomes de verdade.

A rigidez nas normas da empresa era tanta que certa vez fui questionada por ter usado o banheiro por sete minutos em vez dos cinco que a empresa tinha a benevolência de nos conceder.

Sem pestanejar, descrevi detalhadamente minhas atividades, que incluíam fazer o número dois e trocar o absorvente. Minha chefe ficou num tom tão rosa que acho que nunca mais questionou o tempo de banheiro de ninguém.

Essa chefe me amava e odiava, pois sabia que eu tinha qualidades, porém anarquizava o departamento com prazer se me dessem a oportunidade. Depois de cerca de dois anos de trabalho sem maiores dores de cabeça para ninguém, eu decidi que faltaria para assistir a um *show* da turnê de despedida do Black Sabbath. Os músicos eram já sexagenários, um deles lutava contra um câncer e aquela ocasião seria a minha única chance de vê-los. Como eu não tinha grana, fiz um empréstimo bancário (em doze suaves parcelas que no total davam o valor de dois ingressos e meio). Liguei na empresa e avisei à supervisora que não iria e que pedisse a alguém da equipe para fazer hora extra para não afetar o atendimento (irresponsável, porém preocupada). No dia seguinte, cheguei para trabalhar com a leveza de quem foi agraciada por um milagre – que se chamava Tony Iommi: escute qualquer solo de guitarra desse homem e entenda o que eu estou relatando – e ouvi um discurso de uns 45 minutos sobre comprometimento com a empresa que minha chefe terminou perguntando se eu estava arrependida.

Olhei bem naqueles olhos claros e disse que jamais me arrependeria, pois a minha vida tinha muito mais do que as seis horas que eu dedicava à empresa; que, nos onze anos em que ela estava ali, havia perdido o crescimento da filha e aproveitava para fugir de um relacionamento falido, respondendo a e-mails corporativos até tarde da noite e deixando toda e qualquer parte da vida pessoal para trás por uma empresa que não a promovia havia sete anos. Fiz minha chefe chorar? Sim. Ela mudou? Não. Nem eu. Vida que segue. Teria feito tudo outra vez.

Mas nem só de confusão era feita minha vida profissional no atendimento, gostaria de deixar claro.

Apesar de ter uma facilidade enorme para falar com as pessoas, estreitar laços de amizade não é uma tarefa fácil, mas, quando me encanto por alguém, é sempre muito forte e genuíno. Ao fazer a entrevista para entrar nessa seguradora, conheci uma garota que à primeira vista nada tinha a ver comigo, mas da qual me aproximei durante as etapas do processo seletivo. Fiquei feliz quando nós duas conseguimos o emprego e passamos a trabalhar no mesmo horário. Gostava da conversa simples e do sorriso dela. Sempre que possível, estávamos próximas. Já éramos um tanto íntimas uma da outra e certo tempo depois ela se queixava de dores na região da axila, mas nunca tomava providências. Meses se passaram, e ao perceber que o formato da mama dela estava alterado eu mesma marquei uma consulta para ela com a médica da empresa. A justificativa para o medo dela era "não quero descobrir o que é, pois não posso deixar minha mãe e minha filha sozinhas". Doeu dizer a ela que se ela não cuidasse daquilo, então sim ela deixaria a família sozinha.

Assim, descobrimos que ela tinha um câncer de mama. Eu até então nunca tinha visto alguém doente e, ao descobrir que sua mãe era idosa e sua filha bebê, decidi ajudar o máximo que pudesse, acompanhando-a às consultas e dando uma força.

Que ano difícil. O câncer havia se espalhado por vários locais: pescoço, ovário e, por fim, cérebro. A enfermeira apenas disse que deveríamos dar a ela bons momentos até que chegasse o fim. Foi muito duro vê-la cada vez mais debilitada e, para dar apoio moral, eu decidi raspar a cabeça, porque ela tinha vergonha de sair careca na rua. Eu falava bobagens durante a quimioterapia, a ajudava a comer, dormia no hospital às vezes e sempre compartilhava um pouco da nossa luta nas redes sociais.

Houve uma vez em que ela perdeu a consciência por alguns dias. Eu ia até lá e fofocava todas as coisas que aconteciam na empresa, mesmo sem saber se ela estava ou não ouvindo: "Menina, sabe a fulana puxa-saco? Vou te contar o que ela fez...", então desatava a falar. As enfermeiras me olhavam como se eu fosse doida.

Quando ela estava bem, eu pintava nossas unhas, passava batom, dançava vendo os clipes que passavam na TV para fazê-la rir, lhe dava uns docinhos escondidos, já que ninguém é de ferro, e dizia que ela estava ótima... Mas, com o tempo, ela perdeu a capacidade de andar, errava meu nome, às vezes não enxergava bem, ficava assustada. Disse uma vez que estava com visão dupla, então eu, que estava em processo de emagrecimento por conta da redução de estômago, ficava dançando na frente dela perguntando: "Mas está vendo uma gorda ou duas magras? Se for duas magras, ficarei aqui dançando a tarde toda". Ela sorria.

Entre muitas idas e vindas ao hospital, um dia eu cheguei lá e a vi tão quietinha... ela pediu água e eu fui até a enfermeira perguntar se poderia dar, o que foi negado.

Fiquei segurando a mão dela e expliquei que não podia. Tirei uma foto das nossas mãos dadas. Voltei para casa e ela faleceu. Devia ter atendido seu pedido de água.

Foi um ano de muita luta, e ela foi muito valente.

Pessoas de coração mole sofrem um bocado no atendimento ao cliente – assim como aquelas não muito apegadas às regras, como eu. Uma das minhas atribuições no atendimento de seguros era o serviço de reparo residencial, que incluía o serviço de chaveiro.

Existe uma série de regras características do *telemarketing* (juro que o gerúndio não nos é ensinado; pelo contrário, é punido) que envolvem chamar os clientes por senhor/senhora, não demonstrar humanidade, ser o mais robotizado possível, informar o número do protocolo e resolver de preferência em menos de cinco minutos cada problema para conseguir atender o máximo de pessoas ao longo do dia.

Muitas empresas oferecem uma bonificação quando você faz tudo certo, como dinheiro, eletrodomésticos, passeios... Agora, se você atendeu ao cliente e resolveu o problema, mas derrapou ao falar uma vez "você" em vez de "senhor", perde a bonificação, a chance de tentar promoção e, claro, a vontade de continuar trabalhando naquele lugar.

Eu sempre gostei de trabalhar no período noturno, pois a condução fica mais vazia, o fluxo de ligações é menor e tem o adicional noturno. Só vantagens.

Certa vez, já era quase meia-noite e faltava pouco para encerrar o expediente quando um homem com voz desesperada pediu um chaveiro para abrir a porta de casa, que estava trancada por dentro, dizendo que seu filho adolescente estava lá e que ele suspeitava que o garoto tinha tentado suicídio.

Perguntei a idade do garoto (só isso já era motivo para ser gravemente punida) e ele disse que era a mesma que a minha. Acionei o prestador de serviço mais próximo, saindo do protocolo mais uma vez. Liguei para o prestador para que ele tivesse conhecimento da gravidade da situação e disse ao cliente que ficaria aguardando com ele até o chaveiro chegar, para que ele se acalmasse. Nessa altura eu já pensava no que fazer para arrumar outro emprego, porque com certeza seria demitida – o atendente do meu lado estava com os olhos arregalados, planejando meu velório corporativo. O cliente me disse que sua esposa tinha falecido recentemente e que ele mantinha remédios muito fortes em casa e desconfiava que o garoto os tivesse tomado.

"Adolescentes têm sono muito pesado, seu filho está apenas dormindo", eu disse com uma certeza tirada do além. Naquele momento o chaveiro chegou, e em pouco tempo escutei a porta abrir e o homem em lágrimas rir e chorar ao mesmo tempo: "Veronica, ele está roncando!".

Chorando, eu disse que ia ficar tudo bem e que ele poderia ir descansar e abraçar o dorminhoco. Desejei boa-noite e encerrei o atendimento. Perdi meu último ônibus, mas voltei para casa feliz.

Uma semana depois, minha chefe me chamou para ouvir uma ligação. Ao colocar os fones e ouvir a voz trêmula do pai pedindo o chaveiro, já me preparava para assinar minha demissão, quando fui surpreendida com a informação de que aquele atendimento tão humano seria eternizado em um livro sobre a empresa.

Não é muito fácil mudar culturas dentro de grandes corporações, então eu tentava me encaixar e aceitar determinadas condutas, mas, ao mesmo tempo, meu espírito altamente inconformado não sabia aceitar ordens e deixar algumas coisas para lá. Então eu desenvolvi o método de chegar, observar, analisar e apresentar minha visão – que ninguém pediu – sobre as coisas. Já passei por situações opostas: ou meus superiores diziam "nem vale a pena tentar, a empresa é assim mesmo" ou apresentavam as minhas ideias e propostas como se fossem deles, afinal de contas, uma operadora, o "chão de fábrica", "peão", ou seja lá qual for a forma pejorativa com que os superiores se referem aos operadores, nunca é capaz de oferecer propostas e boas análises para o crescimento da empresa. Mas eu pergunto a você: quem melhor para entender os processos do que alguém que está na base, lidando dia após dia com diversas áreas da empresa e em contato direto com o consumidor final?

Todas as empresas por onde eu passei estabeleciam um período de alguns meses antes que o operador pudesse participar de um processo seletivo para outro departamento, além de pedir que estivesse cursando ou já tivesse terminado uma faculdade. Vamos às contas (e olha que eu sou de humanas): se você ganha um salário-mínimo e paga aluguel, como vai pagar a mensalidade da faculdade?

Então eu já sabia que sair do atendimento básico não era uma possibilidade para mim, ainda que tivesse conhecimento técnico e pudesse me desenvolver para desempenhar uma atividade administrativa. Uma única empresa me deu essa possibilidade, e foi uma experiência muito importante para que eu entendesse de forma ampla como gerir pessoas, lidar com o tempo, administrar a parte burocrática etc. Mas também lidei com situações nas quais foi necessário me impor como líder, e me pareceu uma tarefa bem agridoce.

Quando surgiu a oportunidade de liderar outros operadores, várias pessoas queriam ser da minha equipe, pois eu "era legal".

e perdoaria pequenos (ou nem tão pequenos) deslizes, uma vez que já estivera do outro lado e não seria justo punir comportamentos que já havia reproduzido. Por exemplo: não é permitido comer durante o atendimento, mas desenvolvi habilidades ninjas na arte de esconder, mastigar e carregar alimentos pra lá e pra cá – até batata frita no bolso eu já coloquei; não sei se me orgulho ou me envergonho disso – e, quando eu via alguém da minha equipe comendo na mesa de trabalho, ouvia "ai, super (de supervisora), você já fez isso, releva". Transpor a barreira da amiga legal do atendimento para a chefe que tinha que cobrar metas e posturas foi algo que me ajudou bastante a crescer como pessoa.

Mesmo assim, não me senti feliz na função de supervisora de atendimento. Era motivada única e exclusivamente pelo salário, que quase dobrou naquela época, mas sentia falta de ser a única responsável pelo meu desempenho. Eu era dedicada e comprometida e de repente me vi liderando 35 pessoas que não estavam nem aí para nada: tinha uma menina que faltava no dia do pagamento porque ia ao cabeleireiro e saía para fazer compras, e um tatuador que, se recebesse chamada de cliente no horário de trabalho, sumia sem cerimônias porque um dia tatuando pagava até 40% do valor do seu salário. Eu sabia que era difícil fazer com que eles se sentissem valorizados, já que na verdade realmente não eram, a rotatividade dos funcionários era grande, e assim aprendi o que era *"turnover"*.

Não sei se existe um trabalho com tanta rotatividade de funcionários como o *call center*, do qual muitas pessoas desistem no primeiro dia. Elas aceitam o emprego, assinam a carteira de trabalho, passam pelo treinamento e, assim que atendem às primeiras ligações, desistem. Os primeiros meses são sempre uma mistura de sentimentos: você fica feliz por estar trabalhando, motivado pelos vídeos institucionais, ansioso para ver se é tudo aquilo mesmo, frustrado pela diferença do discurso e atitudes e, enfim, deprimido por ter mais uma vez caído na mesma mentira. Fiz esse caminho tantas vezes que fico impressionada por ter imaginado em todas elas que "dessa vez será diferente".

Já comentei que, no meu primeiro emprego, os clientes, os chefes e os outros funcionários me irritavam. Esqueci de dizer que nos empregos seguintes era igualzinho!

Sei que neste exato momento você está pensando: "O problema deve ser você, que é chata", mas vou dar alguns exemplos de conversas com clientes para que a gente possa chegar juntos a uma conclusão:

TELEFONIA:

"Caiu a internet na minha empresa, sou o presidente da empresa e vou fazer da sua vida um inferno. Até a conexão voltar, não irei desligar!" – chaveiro proprietário de uma lojinha dentro do estacionamento de um hipermercado.

"Todas as luzes do modem estão apagadas, quero um técnico aqui *agora*, essa empresa é uma merda, a culpa é toda sua – ah, espera, acho que a moça que limpa aqui tirou da tomada."

TV POR ASSINATURA:

"Por favor, você pode me dizer qual filme está à venda no canal número tal?" Cita canal de filmes adultos. Respondo: "XXXXXX ARDENTES, SENHOR." "Ah, vou comprar, obrigado!"

"O sinal da TV a cabo tem um *delay* e eu pago muito caro no *pay per view*. E meu vizinho que assiste TV aberta sabe antes de mim que vai ter gol e grita, tirando a minha surpresa. Quero cancelar o plano e ter a devolução dos valores pagos!"

SEGURO DE VEÍCULOS:

"Boa noite, quebrou o vidro do meu carro, preciso solicitar o seguro." Pergunto: "Qual vidro, senhor?" "Ué, você não sabe? Achei que quando acontecesse um acidente o seguro ficava sabendo..."

"Boa noite, queria registrar uma reclamação: eu não gosto de MPB e quando ligo para vocês durante a espera só toca MPB, queria que mudasse."

CONVÊNIO MÉDICO:

"Queria saber o motivo de o convênio negar a minha internação; estou com hemorroidas e não consigo andar, estou de fraldas e deitada de lado e o hospital disse que vocês querem me mandar de volta para casa, eu não aceito essa negativa, vou mandar uma foto de como eu estou para que o médico de vocês analise o meu caso e diga se eu preciso ou não de cuidados médicos."

E encerrando com chave de ouro, uma história maravilhosa que acontecia com muitas outras centrais de atendimento, como descobri mais tarde pela internet: o senhor de Brasília que ligava e tinha toda uma narrativa que te levava a falar uma palavra que ele queria ouvir. Geralmente começava assim: "Vocês têm cobertura para atendimento psiquiátrico? Se o paciente precisar ser contido, o que vocês fazem? Usam aquele negócio, qual é mesmo o nome?". De repente, você percebia a alteração na voz do ser humano. Sim, ele estava se masturbando. Se a atendente desavisada dissesse "camisa de força", ele começava a gemer – era a coisa mais horrível e constrangedora do universo. Ele ligava muitas vezes e, se um homem atendesse, desligava. Queria apenas vozes femininas dizendo "camisa de força". Esse era o famoso doidão de Brasília.

Com os superiores, a relação era interessante: ao que parece, o assédio moral é institucionalizado nos *call centers*. Em um dos lugares onde trabalhei, nossa produtividade era berrada pelos supervisores de hora em hora, que anunciavam quantos atendimentos cada um tinha feito. Então havia risadinhas para o último nome gritado e quem sabe uma vergonhosa salva de palmas, que também era a forma de homenagear quem chegasse atrasado ou coisa do tipo.

Tive uma supervisora que, embora também estivesse acima do peso, adorava apontar essa minha característica. Certa vez, faltavam cadeiras e ela me deixou trabalhando em pé com a justificativa de que "está gordinha mesmo e ficar em pé ajuda a perder peso".

Já ouvi que "com essa cara vai dar trabalho", sendo que "essa cara" eram os cabelos coloridos e tatuagens.

No meu período como supervisora, minha coordenadora disse que eu era incapaz de bater meta, então outro supervisor deu um sorrisinho e ela rebateu com "E você é incapaz de ajudar a outra que não sabe trabalhar".

Os colegas de trabalho sempre lutavam para ser vistos como algo melhor que apenas um simples operador de *call center*, o que fomentava o hábito mais comum entre nós e o maior indicador da vergonha que as pessoas sentem do seu trabalho: quem presta serviços para um *call center* que terceiriza a mão de obra não fala *jamais* o nome da empresa onde trabalha, mas sim o nome daquela para quem presta serviços, pois dará a entender que faz outra coisa que não o atendimento telefônico. Precisávamos provar a nós mesmos o tempo todo que éramos melhores que aquilo, que aquele não poderia ser o único trabalho para o qual servíamos, então o ambiente se tornava competitivo e era bastante exaustivo lidar com o combo clientes/chefes/colegas.

    O golpe de misericórdia era, obviamente, o (não) reconhecimento. Você pode até dizer que o reconhecimento vem em forma de salário na conta, mas não é apenas isso. Pergunte a qualquer pessoa que já trabalhou em *call center* o que significa "pausa *feedback*". A resposta será algo como "momento em que seu superior te tira do atendimento para reclamar de algo que você fez". A perspectiva de que exista *feedback* positivo nem mesmo passa pela cabeça de um teleoperador, de tão raras que são essas situações.

    Quando a empresa cria uma campanha de incentivo, as premiações são tão absurdamente ruins que só incentivam o ódio. Vou dar um exemplo: se ao longo de um mês você não chegar atrasado nem uma única vez, não tiver nenhuma nota baixa na monitoria dos atendimentos e não estourar nenhuma pausa (lembrando: 10 minutos para descansar, 20 para se alimentar e mais 10 para descansar ao final da jornada, com excepcionalmente 5 minutos de banheiro, mas o indicado é usar as outras pausas para isso), você concorre a uma panela de arroz elétrica. Não é legal? Em algumas ocasiões o prêmio era uma caixa de bombons.

    Na seguradora de veículos, eu percebi que grande parte

dos pedidos de remoção por guincho era derivada de problemas muito simples de borracheiro, e a empresa levava o veículo para a casa do cliente e depois outro guincho posteriormente o levava até uma oficina. Sugeri que os prestadores fossem orientados a executar esses pequenos reparos até que a pessoa chegasse em casa ou na oficina, assim como a troca de bateria, pois seria mais lucrativo para a empresa. Meses depois, a ideia foi implantada e a empresa economizou muito dinheiro. Eu fui recompensada... com um vale-presente de cinquenta reais em uma livraria.

Nunca mais senti vontade de tomar qualquer tipo de iniciativa de inovação ou melhoria em nenhum local onde trabalhei, porque certamente não seria devidamente reconhecida.

Os operadores estão na linha de frente e sabem onde estão as falhas e as oportunidades das empresas, mas poucas vezes têm voz, pois são vistos como pessoas sem instrução e de trabalho fácil e descartável. E esse é um grande problema não só nas empresas de atendimento, mas na sociedade de modo geral. Talvez aquela pessoa que pega três ônibus da periferia até o emprego, onde recebe um salário-mínimo, tenha dentro de si um baita potencial de criar grandes coisas, mas esse potencial se perde num enorme mar de falta de oportunidades. É assim que perdemos grandes gênios sem saber. Mais do que qualquer outra coisa, oportunidade é a grande chave para mudar o modo como vivemos hoje. Esse é o grande *"asset"*, como dizem os caras de terno.

Mais do que mão de obra barata e sem capacitação, das baias de atendimento do *telemarketing* já saíram grandes profissionais e *"cases* de sucesso". Não se esqueça: em cada posição de atendimento bate um coração.

5

Sim, eu roubei

Senti que a vida adulta bateu de verdade quando fiquei responsável por gerenciar meu dinheiro – ainda que fosse pouco. Até então, não tinha noção alguma de educação financeira. Muito pelo contrário, tinha zero percepção sobre o custo das coisas, planejamento e cuidados com finanças.

Buscando lá longe nas lembranças, minha primeira memória de educação financeira foi justamente contraindo uma dívida: descobri que era possível comprar coisas numa banquinha perto do colégio e pagar depois, então quase todos os dias eu tomava um suco de saquinho, daqueles de soja. O que eu não imaginava era que, somando aqueles poucos centavos por dia, no final do mês dava mais que a minha mesada, e o horror que eu senti ao saber que não tinha como pagar foi só o primeiro de muitos... Tive que contar em casa que estava devendo e tinha apenas uns 7 ou 8 anos. Que situação!

Talvez ali eu tenha criado uma relação de medo com o dinheiro que dura até hoje – medo tanto da falta quanto do excesso, algo muito surreal que espero que mude um dia.

A quantidade de reviravoltas na minha vida me confrontou com diferentes realidades e formas de pensar sobre dinheiro. Já pensei que ele era infinito por causa dos meus pais e da minha avó, que raramente me negavam algo, de modo que nunca tive a sensação de escassez e não sabia entender e valorizar o trabalho e o esforço deles para me dar aquelas coisas, pois para mim elas apenas surgiam sem que eu tivesse que fazer algo em troca. Também não tínhamos esse tipo de conversa em casa: eu tinha tudo e estava tudo bem. Ao viver uma realidade diferente, é óbvio que esse assunto passou a fazer parte do meu dia a dia e passei a ouvir frases como: "nada vem fácil", "pobre só tem alguma coisa quando faz dívidas, senão nunca vai ter nada" ou "não é possível viver sem um carnê de loja".

Quando menos percebi, já estava com dois cartões de crédito, alguns carnês, cartão de todas as lojas de varejo possíveis e muita, mas muita dívida. Sabia que era difícil pagar todas as contas da casa e as despesas para a sobrevivência, mas também queria consumir, ter aquelas (in)utilidades que fazem o dia ficar mais leve – pelo menos até nascer o dia seguinte, quando a ansiedade volta e dá vontade de ter outra coisa.

Racionalmente sabemos que não temos a obrigação de trocar de celular ou de carro todo ano, de acumular tantas roupas que às vezes não são usadas e ficam lá perdidas no *closet*, nem de ter mais sapatos do que uma *socialite* conseguiria usar. Mas somos ensinados a ter para ser bem-vistos, bem-sucedidos, benquistos, relevantes, felizes, e por aí vai.

Pelos meus cálculos, eu tive restrição no nome (quando consta para os órgãos de crédito que você tem dívidas – explico caso alguém muito chique esteja lendo e não tenha conhecimento desses perrengues) dos 20 aos 37 anos, entre idas e vindas. Hoje em dia, quando passo em frente à sede do Serviço de Proteção ao Crédito, *toda vez* entro lá e peço para consultar meu CPF, única e exclusivamente pelo prazer de ouvir o atendente dizer "nada consta" e sair feliz. É um pequeno passo para a mulher, mas um grande salto para a independência financeira.

Se uma pequena parte do currículo escolar fosse dedicada ao ensino de educação financeira e não fôssemos ensinados desde sempre que consumir é a solução imediata para todas as nossas dores, não teríamos esse monte de adultos perdidos entre cartões e boletos. E se não aprendermos na marra para ensinar aos nossos filhos, vamos ver outra geração de endividados rindo de nervoso a cada final de mês.

A falta de grana me parecia uma realidade permanente, sem saída, uma parte constante da vida. Se eu sempre tivesse aluguel para pagar e sempre tivesse um salário ruim, não sobraria para poder me qualificar para outro emprego. O círculo vicioso estava tão fechado em si mesmo que me trouxe uma companhia não muito agradável: o transtorno de ansiedade generalizada.

A sensação física é de andar com pesos de academia presos ao corpo: dói e você fica sempre cansada e pesada. Os pensamentos não se organizam e, embora você tenha vontade de mudar e fazer coisas, algo te prende e você não toma nenhuma atitude, sentindo-se simplesmente inútil, sentindo que é uma pessoa incapaz. Com o tempo, passei a ter crises de choro também.

Eu me sentia bem quando fazia longos trajetos de ônibus sentada à janela e ouvindo música com meus fones de ouvido. Ajudava bastante a controlar a ansiedade e me fazia pensar em outras coisas, e sou muito grata por algo que me ajuda tanto custar apenas quatro reais e quarenta centavos. Mas, com o tempo, a ansiedade causada pela falta de dinheiro foi se agravando. Eu passei a ter taquicardia, sentir falta de ar, e, em alguns momentos, parecia que eu estava prestes a morrer. Depois descobri que se tratava de síndrome do pânico.

Eu pensava nas minhas dívidas quase 24 horas por dia, me sentia culpada por privar meus filhos de boas coisas e até mesmo do básico, então não foi uma surpresa quando chegou o dia em que fui comprar algo para comer e um sabão em pó e de repente pensei que não seria de todo mau se levasse algumas coisas que estavam faltando em casa. Assim, coloquei na bolsa alguns sabonetes, um iogurte, um chocolate pequeno e um molho de tomate. Passei pelo caixa do supermercado trêmula, certamente suando, e paguei pelos macarrões instantâneos e pela caixa do sabão, mas saí com todas as outras coisas. Não comemorei até alcançar algumas quadras de distância e só então, perto de casa, tive uma sensação meio vitoriosa, meio culpada. Eu ria nervosamente e me surpreendi ao me sentir inteligente. Até hoje essa sensação me traz um incômodo, pois havia muitas formas de me sentir inteligente/esperta, e essa definitivamente não era a que eu esperava para a minha vida.

Mas foi o que aconteceu. Eu me senti capaz de driblar o sistema, de ter em casa aquilo que para os outros não é grande coisa, mas, quando falta, você percebe que é muito, mas muito importante.

Fui tomar banho e deixei meu filho comendo o chocolate que eu trouxe. Pensava no quanto aquilo o deixou alegre e argumentava comigo mesma que não faria a rede de supermercados falir, embora entendesse que a corda arrebenta do lado mais fraco e um funcionário como o caixa ou o segurança pudessem ser afetados por aquele ato, mas tentei relevar em nome do sorriso do menino com a cara suja de doce.

Assim, vez por outra eu conseguia levar para casa um xampu, uma lata de atum, alguma coisa. A culpa foi se dissipando como a espuma dos sabonetes que eu pegava, mas a raiva crescia em mim por ter que ser dessa forma. Até que um dia aconteceu o inevitável: saindo do mercado, fui chamada pelo segurança, que me levou a uma sala e fez todo tipo de ameaça enquanto retirava da minha bolsa um lava-roupas líquido e um pacote de sopa. Acredito que naquela época o valor dos itens seria algo entre 20 e 25 reais. Eu chorava enquanto ele chamava um policial, que ao chegar perguntou se eu já havia cometido algum crime ou sido presa antes. Eu disse que não e que estava passando por um momento difícil; que, embora não fosse a primeira vez que pegasse coisas no supermercado, não era minha intenção fazer mal a ninguém. Ao contrário do que eu imaginei, ele não foi violento ou maldoso comigo: questionou se eu não poderia pedir ajuda a alguém, até mesmo ao gerente do supermercado, e disse que não via em mim uma pessoa má, mas que aquela atitude poderia me encorajar a praticar outras coisas e que eu não tinha a cara de quem se daria bem na cadeia – e até riu. Eu ria e chorava e pedia desculpas, então ele apenas pegou de volta os produtos que estavam na minha bolsa, pediu ao segurança para não fazer nada e me deixou ir para casa com a promessa de não repetir esse erro novamente.

Sempre penso na atitude desse policial, tão oposta à do segurança do mercado, que disse coisas horríveis: que eu seria presa, que não veria mais meus filhos, e ameaçou me colocar na frente do estabelecimento e mostrar para todos que eu estava roubando. Existem milhares de "justificativas" para essa atitude e eu entendo, sim, boa parte delas, embora não queira pensar profundamente sobre isso, pois me causa muita angústia. Então deixo para que você reflita também.

Algumas coisas poderiam contribuir para que o desfecho fosse outro. O mundo é injusto.

Entendo bem como tive sorte daquela vez e nunca mais repeti tal atitude, embora muitas e muitas vezes tenha pensado na possibilidade de fazer de novo.

Como é difícil pedir ajuda quando nos vemos passando por alguma necessidade muito extrema. Ao menos para mim, a sensação é de completa incapacidade. Se eu não sou capaz de garantir as coisas básicas dentro da minha casa, qualquer coisa que faça se torna digna de culpa: me lembro das vezes que meus amigos me chamavam para sair e eu pensava no quanto era horrível considerar me divertir enquanto não tinha dinheiro para comprar um botijão de gás, entende?

Isso vira um processo de dor em cima de dor: a falta das coisas traz infelicidade, a busca de algo para esquecer a infelicidade traz culpa, a culpa traz vergonha de pedir ajuda... parece que não terá fim.

Aos poucos, hesitante, passei a contar algumas coisas para pessoas próximas e fui completamente amparada. Sim, aquele policial estava coberto de razão: amigos não negam ajuda quando isso está dentro do alcance deles. Nunca faltava alguém que trouxesse um pacote de macarrão, que me ajudasse a pintar o cabelo, que me levasse para um passeio, que mandasse uma pizza em casa.

Mas a tristeza estava sempre presente, e uma voz insistente na minha cabeça dizia que eu estava me tornando um peso para meus amigos, que sabiam que eu só poderia sair com eles caso fosse bancada completamente, da condução à entrada nos lugares. Eu me sentia a pior amiga do mundo, até que me disseram algo que jamais esqueci: "Quem seria idiota o suficiente para convidar, insistir e pagar com a grana do próprio bolso um passeio para alguém que considerasse um fardo?". Era assim que eu me via, mas realmente não faria sentido que meus amigos se esforçassem tanto para me manter sempre presente ao lado deles se eu fosse uma amiga ruim.

Não procurava por ajuda especializada, mas estava passando por um processo depressivo muito claro – quer dizer, *agora* é muito claro. Entender e aceitar que estamos sofrendo de uma doença da mente não é fácil, pois requer lidar com a percepção dos outros sobre o que está acontecendo e, ao contrário de qualquer problema físico, quando é algo psicológico, *todos* agem como especialistas e acreditam poder opinar sobre sua condição. Isso não existe quando falamos de uma fratura. Imagine quebrar o braço e ouvir: "Olha, você pode até procurar um médico, mas que tal tomar um chá, relaxar e mentalizar que tudo vai ficar bem?". Jamais vai acontecer!

No entanto, foram inúmeras as vezes que fui abordada por pessoas que nem tinham intimidade o suficiente para tratar sobre esse assunto comigo, e as indicações e sugestões eram as mais diversas: se eu me alimentasse bem, dormisse bastante e fizesse exercícios, logo eu estaria boa. Ou quem sabe procurar uma orientação espiritual? Queriam saber se eu ia à igreja, se eu meditava, se eu não procurava mentalizar que era feliz. Sim, teve essa também: "Simplesmente fique feliz".

Ainda há muito a ser esclarecido à população sobre saúde mental e como lidar com pessoas que sofrem de problemas psiquiátricos e psicológicos, pois vemos como a empatia é forte durante o Setembro Amarelo, o mês da campanha de prevenção ao suicídio, e inexistente ao longo dos outros onze meses.

Ideias como "depressão é doença para ricos, pobre não pode ter esse tipo de frescura" precisam ser eliminadas quanto antes. Até eu mesma tinha um pouco dessa ideia, além de pensar que pessoas ricas não tinham o direito de se sentir deprimidas, afinal não lhes faltava nada na vida. A duras penas aprendi que não é bem assim.

Em certo momento, a depressão se manifestou na forma de completo abandono de mim mesma. Eu estava pesando mais de cem quilos, não me importava comigo e não sentia vontade de fazer nada: sair, conhecer pessoas, ver meus amigos... Eu sentia que estava morta em vida e nada me agradava.

Em alguns dias, até mesmo sair da cama e preparar uma refeição ou tomar banho pareciam tarefas impossíveis de realizar. Quando estamos deprimidos, parece que nada que digam pode mudar o fato de que a vida não faz nenhum sentido.

É difícil a sensação de ser incompreendida por algo que você não consegue mudar sozinha. Não havia uma chave que eu pudesse virar para que toda aquela dor passasse, não funciona assim.

Na primeira vez que busquei ajuda médica, o atendimento foi realizado pelo convênio oferecido pelo *call center* da empresa onde eu trabalhava, em um belo consultório numa região privilegiada da cidade. Eu já havia escutado a recomendação de me alimentar bem e fazer exercícios, e me questionei se as duas horas para ir e mais duas para voltar do trabalho contavam como atividade física e se o macarrão instantâneo vendido em copinho no terminal de ônibus contava como comida saudável.

Mas fui à consulta e recebi uma receita, ficando frustrada de não poder contar com um atendimento que levasse em consideração a situação financeira do paciente (o remédio receitado era caro e não disponível pelo SUS de forma gratuita, então acabei pedindo à minha mãe para comprar). Comecei o tratamento um tanto desesperançosa, mas talvez não pudesse sentir algo mais animador de qualquer forma.

Sou uma pessoa muito, mas muito chorona, tanto nas situações boas como nas ruins. Se ouvir uma música que gosto muito, choro. Em *shows*, ninguém se surpreende mais ao me encontrar com os olhos miudinhos e a cara toda vermelha ao final da apresentação. Choro quando estou feliz, triste, ansiosa, assustada, emocionada... haja lágrimas!

Com pouco tempo de medicação, percebi que não conseguia mais chorar; nunca. A sensação é realmente bizarra, pois ao mesmo tempo você percebe que não se sente mais tão triste, mas também não sente mais nada: ansiedade, euforia, desejo, atração sexual, prazer... Vira um belo peso de papel humano.

Por mais que exista às vezes a vontade de ser "desligado", quando isso acontece não é mais tão interessante. Ao voltar ao médico e relatar todas essas coisas, o que pode acontecer é você sair da consulta com mais uma ou duas receitas.

Passei a tomar mais um medicamento além do receitado na consulta anterior, e agora não tinha como reclamar de não sentir mais nada, pois eu só dormia. Você não pode reclamar se estiver em coma induzido, afinal.

Parece que a vida é uma sucessão de reclamações, me desculpe. Mas eu novamente não estava feliz com as medicações e, como aproveitava os momentos acordada para comer bastante, ganhei ainda mais peso. Adivinhem o desfecho: na consulta seguinte, um remédio para inibir o apetite foi adicionado. Não tem estômago forte o suficiente para suportar tanto remédio, então um gastro indicou um remédio para dor de estômago. Para fazer a compra do mês na farmácia, eu teria que desistir de pôr comida na mesa e fazer a compra do supermercado.

Cansada de tantos remédios, descobri o segundo inferno da depressão: o abandono dos medicamentos e a crise de abstinência

87

que ele acarreta. Voltaram as crises de pânico, o choro descontrolado e o medo de morrer do nada de repente.

Ter uma crise dessas na rua é muito difícil. Você chama atenção e ninguém se aproxima, mas as pessoas chegam a parar para ficar observando qual será seu próximo movimento e você nada pode fazer. Certa vez cheguei a me sentar no chão em meio a uma grande avenida; chorei muito, escondi o rosto nas mãos, não tinha noção da passagem do tempo e posso ter ficado ali por dois minutos ou meia hora, realmente não sei. As crises passaram a ser tão frequentes que, certa vez, durante o atendimento telefônico no trabalho, eu não conseguia articular uma palavra. Tirei o fone do ouvido, coloquei a ligação no mudo e não saía nada, sequer um "a". Quando me levantei para sair dali, desabei em um choro tão forte que minha supervisora só me deixou sair quando meu namorado àquela época foi me buscar. Eu estava aos poucos deixando de ser uma pessoa funcional.

Já não sabia mais o que fazer, pois não estava bem com os remédios e fiquei muito pior sem eles.

Então decidi, além do atendimento psiquiátrico, procurar ajuda psicológica. Outra pequena saga se iniciou, pois se ia compartilhar minha vida com alguém desconhecido que pudesse ouvir e, de forma qualificada, apontar caminhos que eu mesma não conseguia ver, essa pessoa e eu tínhamos que ter algum nível de conexão. Eu não entendia certas abordagens da psicologia, achava as sessões chatas e estranhas em muitos momentos, e até encontrar uma profissional bacana, com uma abordagem adequada para mim, foi um processo demorado e complicado.

É doloroso encarar quem nós somos e lidar com nossas falhas, medos e defeitos. Ter alguém observando o processo exige muita coragem, mas descobri que a terapia funcionava para mim de forma muito efetiva.

Em alguns momentos eu saía da sessão me sentindo a Mulher Maravilha e em outros o próprio saquinho de lixo, mas o importante foi não desistir no meio do processo. A abordagem com que mais me identifiquei é a cognitivo-comportamental, muito direta e objetiva, que me fazia entender certos padrões que repetia e me dava abertura para corrigi-los, embora nada disso por si só fosse capaz de eliminar a razão dos meus transtornos, que era a falta de grana. Mas entender que a falta de dinheiro não definia quem eu era e também não poderia nem deveria ser uma constante na vida me dava uma certa esperança. Apesar de não ter a menor ideia de quando ou como as coisas iriam mudar, eu já tinha percebido que em algum momento da vida as coisas ficavam um pouco menos piores para todo mundo (veja bem, não dá para sair por aí transpirando otimismo) e gostava de observar isso ao meu redor. Na quebrada, onde eu vivia, por mais que ninguém estivesse muito bem, ninguém estava muito mal: chegava o momento da casa própria, de uma reforminha, de um carro usado; havia um filho que ingressava na faculdade, um casal que conseguia dar uma festinha de casamento, um pai que dava um *videogame* para o seu caçula... Eu ficava de olho nesses exemplos e tentava projetar algo melhor para o meu futuro.

Uma pena que nem sempre o Universo conspira a favor de quem está ali no seu cantinho tentando melhorar... e assim eu fui pouco a pouco descobrindo que a máxima "pior do que está não fica" estava muito errada. A lei de Murphy existe e geralmente olha para você com carinho nos momentos mais inapropriados.

6

O fundo do poço

Houve um momento em que eu achei que estava tudo bem. Eu consegui um emprego legal e com um bom salário, fazendo atendimento de plano de saúde no horário noturno na região da Avenida Paulista. Saía à meia-noite e toda semana *jurava* que iria direto do trabalho para alguma balada da rua Augusta... só que nunca fiz isso. Já estava cansada e "trintona" demais nessa época, mas foi divertido planejar semanalmente alguns passeios que nunca fiz. Aluguei uma casinha longe de tudo, o imóvel era recém-construído e fui a primeira inquilina. Era tão gostoso ver tudo novinho!

Estava namorando, via meus amigos com alguma frequência e conseguia me virar de forma satisfatória. Sentia que estava tudo caminhando tão bem que até vislumbrava uma vida mais confortável num futuro próximo.

Porém...

Você conhece a expressão "os humilhados serão exaltados"? O que ninguém fala é que é só exaltar um pouquinho que a humilhação está lá, esperando pelo momento do retorno triunfal.

Eu fazia o atendimento de liberação de autorizações de uma empresa de convênios médicos de São Paulo, geralmente intermediando contatos entre o hospital e os médicos responsáveis por liberar ou não determinado procedimento para o paciente. Aos poucos, um grande número de pacientes começou a informar que os locais credenciados estavam se negando a prestar atendimento. O paciente paga seu convênio em dia, sabe que o local faz parte da rede de atendimento do plano e de repente não consegue ser atendido? Algo está errado aí. As conversas de corredor foram se tornando mais intensas, até que uma atendente que estava em contato com um hospital olha para todos nós com a maior cara de "agora ferrou" do mundo e diz: "A menina do hospital tá dizendo que o convênio deve milhões de reais para eles e não vai mais atender ninguém". Começam as fofocas sobre o futuro da empresa e, claro, o nosso futuro. Os supervisores fingem normalidade e dizem que vão procurar saber o que está acontecendo. Por mais que tivéssemos raiva da postura passiva deles, sabíamos que o desespero era real para todos nós – estávamos no mesmo barco, que mais parecia um Titanic.

Com o passar dos dias, o atendimento foi ficando mais e mais complicado. Não sabíamos o que dizer aos pacientes, não sabíamos até que dia estaríamos empregados e o clima era de tensão o tempo todo.

Eu estava com uma consulta agendada para colocar um dispositivo intrauterino, obviamente por meio do plano de saúde da empregadora. O procedimento foi realizado no período da manhã, e, por volta de uma da tarde, apareceu no jornal a confirmação que estávamos esperando: a empresa tinha declarado falência.

Chegamos para trabalhar sem saber o que nos esperava. Eu sempre uso roupas pretas, então já estava no clima de velório, mas quando passei pela catraca vi um espetáculo absurdo: bexigas das cores da empresa para todos os lados e mensagens em formato de balõezinhos com afirmações positivas do tipo "tudo vai dar certo" e "somos fortes". Eu ria de nervoso.

Passamos a atender basicamente pessoas gritando que não estavam sendo atendidas em nenhum lugar, e o próprio hospital da rede estava superlotado. Era desesperador ouvir mães chorando com seus filhos doentes na porta do hospital ou pessoas sentindo dor e não podendo contar com um serviço pelo qual tinham pago (caro). Não me lembro por quanto tempo continuamos indo trabalhar sabendo que a empresa já não tinha salvação. Acredito que tenha sido por duas semanas, mas sinto até hoje como se tivesse sido por muito mais tempo. Pessoas morreram, famílias estavam desesperadas e eu passei a não me importar mais com nenhuma orientação dada pela empresa. Uma mulher precisava de ambulância e não conseguia, então eu simplesmente disse num tom mais baixo: "Entre com uma liminar, é seu direito". Ficava com os olhos cheios de lágrimas e sentia uma raiva absurda de tudo e todos que permitiram que as coisas chegassem àquele ponto.

No final do mês, eles pagaram nosso vale-transporte para o mês seguinte, o que nos deu uma esperança de que no quinto dia útil nosso salário fosse cair na conta, mais isso não aconteceu. Até que, alguns dias depois, todos enfim assinamos nossa demissão, com a promessa de receber nosso salário atrasado e direitos trabalhistas em alguns dias.

Era uma fila com centenas de pessoas, muitas delas chorando, e eu – por mais que soubesse que aquilo iria acontecer – estava perplexa, zonza, sem saber o que fazer. Ao lado da empresa, na Avenida Paulista, tem um *shopping*; fui até lá tomar um chá e me afastar daquela tristeza que era ver todos assinando aqueles papéis, sabendo que no dia seguinte não iríamos mais nos ver.

Depois de assinar minha demissão, fiquei andando pela

Avenida Paulista observando os prédios, as empresas e as pessoas apressadas. Pensei no quanto queria um emprego legal, talvez em algum daqueles prédios mesmo. Não tem sensação mais estranha que saber que a rotina que você cumpria todo dia simplesmente não existe mais.

A empresa havia informado que nos pagaria em alguns dias, mas esses dias se tornaram semanas, meses, anos... Então a primeira decisão importante após a demissão foi entregar o imóvel onde eu morava, após uma franca conversa com o dono da pequena imobiliária que havia me alugado a casinha novinha de que eu tanto gostava, me isentando de multa, pois sabia que não tinha como pagar.

Foi assim que eu fui parar no Tatuapé, morando com a minha melhor amiga. Pude ficar por lá sem pagar contas enquanto procurava trabalho, e consegui matricular meus filhos em ótimas escolas públicas do bairro. Estava ficando feliz novamente. Mas lembra do papo sobre a exaltação e a humilhação? Às vezes coisas que parecem distantes são capazes de alterar o curso da nossa vida e, assim, tudo que já estava indo de mal a pior ficou ainda mais caótico com o *impeachment* da presidenta Dilma Rousseff, trazendo o medo e a incerteza para todos nós e fazendo com que muitos dos meus amigos decidissem sair do país – até que chegou a vez da minha melhor amiga.

Por um tempo, eu pude me dar ao luxo de não aceitar vagas de emprego com valores muito inferiores ao que eu ganhava na empresa de planos de saúde, mas com a ida da minha amiga para a Europa eu já não tinha escolha: precisava de um emprego com urgência, então aceitei uma vaga no atendimento de marcação de consultas em uma grande rede de laboratórios. O lugar ficava na Vila Mariana, e eu ganharia menos da metade que no emprego anterior e praticamente não teria benefícios. Quer dizer, poderia optar por um convênio médico muito simples pagando o valor de cem reais por beneficiário (o convênio era tão ruim que não era aceito nem mesmo no laboratório onde trabalhávamos!). O vale-alimentação não deve nem ser citado: era aquele conhecido como "vale-coxinha", mas só se for sem acompanhar uma bebida, senão não dava.

Chegou enfim o dia da partida da minha melhor amiga, que certamente entra no Top 10 dos piores dias da minha vida. Ela é a irmã que a vida escolheu para mim, e eu me despedi com a certeza muito dolorida de que, caso ela não voltasse, eu não a veria mais. Embora viajar de avião fosse o grande sonho de consumo da minha vida, essa pretensão não chegava a ser muito maior que Rio de Janeiro ou talvez Bahia; eu não me imaginava indo visitá-la na gringa. Estava perdendo uma parte de mim naquele dia.

Passei ainda um tempo na casa do pai dela, na mesma vilinha de casas, enquanto procurava um lugar para morar.

São Paulo, terra de arranha-céu, como diria Mano Brown, dos Racionais MC's, não dá muita chance para quem ganha um salário-mínimo. Via de regra, para alugar um imóvel é preciso comprovar renda três vezes maior que o valor do aluguel. Com os descontos do convênio, eu recebia cerca de 680 reais. Onde encontraria um lugar para morar que custasse duzentos e poucos reais?

Eu não queria sair de perto da escola onde minha filha estava terminando o Ensino Médio, pois tínhamos muitas opções ali: parques, bibliotecas, a estação do metrô... É um bairro muito perto do Centro, mas ainda na Zona Leste, e eu amava demais morar ali.

Eis que um dia percebo que, ali bem perto, havia uma daquelas construções imensas do século passado com uma faixa na entrada: "Alugam-se quartos e quitinetes". Resolvi entrar.

Era sujo, estranho, e tentei não externar o meu desconforto nem olhar demais para as pessoas e seus quartinhos. Fui recebida pela senhora que tomava conta do local e ela me explicou que custava quinhentos reais ao mês; as contas de água e luz eram divididas entre todos e todo mês ela mostrava o valor total para todos e dividia o valor pelo número de moradores; disse que, se eu tivesse máquina de lavar roupas, ela se tornaria de uso coletivo; e que pagou, entrou. Perguntou se eu queria fechar negócio naquele momento mesmo.

Olhei o quarto. Não cabia mais que uma cama de solteiro; havia uma janela minúscula ao lado da porta, uma tomada e um chão de cimento batido vermelho, com aquelas paredes brancas de cal nas quais, se encostar, você se suja. O teto era de madeirite levemente deformado, e um fio envolto em fita isolante segurava a lâmpada. Havia um espaço do lado de fora para o botijão de gás, que tinha que ser vigiado, senão o roubavam à noite. A porta tinha uma barreira de cimento que não entendi bem para que servia – talvez para evitar a entrada de água num dia de chuva forte (mas eu sempre esqueceria que estava ali e bateria a canela, ficando com uma mancha roxa constante). Percebi que não tinha torneira e ela mostrou um tanque e uma pia no final do corredor, assim como um banheiro muito, mas muito sujo. Tinha fiação e canos aparentes, aquela descarga que tem que puxar uma cordinha e um vaso sanitário imundo. O pé-direito era altíssimo, então teto e paredes jamais foram limpos, abrigando inúmeras teias de aranha e sujeira, e a porta de madeira velha tinha uma inscrição em tinta que dizia "Deus é fiel", ou algo assim, já não me lembro mais.

Saí de lá andando rápido e, ao passar pelo portão, tive aquele frio na espinha que só quem sabe que está perto de algo muito errado já sentiu.

Quando aceitei que seria o único lugar onde poderia ficar, efetuei o pagamento e percebi que as portas não tinham fechaduras, apenas um ferro pelo qual poderia passar um cadeado ao sair, e um pequeno trinco do lado de dentro. Era verão, e a temperatura dentro do quarto devia passar dos 30 graus durante a tarde, então comprei um ventilador pequeno. Eu tinha uma cama de solteiro, uma pequena cômoda, uma geladeira, um fogão, um micro-ondas, um ventilador e meu celular. Lembram quando eu disse que só havia uma tomada? Eu ligava uma extensão em outra e dava a volta no quartinho. Tive que trocá-las várias vezes, pois elas queimavam e derretiam. É assim que tantas favelas e cortiços pegam fogo em São Paulo.

Aprendemos a pegar a fila para usar o banheiro em momentos de emergência, mas na maioria das vezes a gente se planejava com antecedência e ia usar o do *shopping*, que era limpinho – só que eram oito minutos a pé, por isso o planejamento. Muitas vezes eu ia tomar banho no Sesc Belenzinho (sim, eu ia até outro bairro tomar banho), também movida pela vontade de usar um banheiro limpo.

Comecei a aprender os horários dos vizinhos e passei a acordar cedo, limpar o banheiro e deixar meus filhos tomar banho antes que os outros deixassem tudo em um estado lastimável. Eu usava luvas e protetor de assento no banheiro (que eu pegava no banheiro da empresa – desculpa, *maior rede de medicina diagnóstica do país*), o que fazia os vizinhos me acharem estranha. Eu sempre ouvia comentários dos outros moradores a respeito da limpeza do banheiro pela manhã e de como o meu quartinho era limpo, pois mesmo do lado de fora podiam sentir o cheiro de limpeza. Nas áreas comuns, onde ficavam o tanque e a pia, também higienizava tudo antes de usar. Guardávamos a louça suja em uma bacia dentro do quartinho e lavávamos quando havia disponibilidade de usar a pia.

Demorei pra me render ao último recurso de alívio nos momentos de desespero: o balde dentro de casa para fazer xixi. De manhã se formava a humilhante fila para jogar a urina do baldinho no vaso sanitário. Uma parte de mim morreu quando passei a fazer parte da fila do baldinho de xixi também.

Meus filhos até que lidaram bem com a mudança: Claire não manifestava nenhum tipo de raiva ou insatisfação, e Panda dizia aos outros que havia se mudado para uma casa mal-assombrada, pois não sabia expressar bem o que estava acontecendo.

Eu envelheci vários anos nos primeiros três meses morando ali. Como eu disse, meu salário era em média seiscentos e poucos reais, então, após pagar os quinhentos reais do aluguel, começava o sorteio do que poderia ou não ser pago naquele mês. Eu tinha tanta dívida no banco que passei a pedir dinheiro para amigos para ter ao menos comida e produtos de limpeza. Eu já estava pesando menos de cinquenta quilos, de tanta fome e tristeza. Meu namorado naquela época ajudava bastante, levando comida da casa dele para a minha toda semana, e meus amigos também davam muita força – eu é que nem sempre tinha coragem de pedir ajuda.

Os dias naquele lugar nunca eram iguais: os moradores chegavam e saíam numa velocidade que eu mal podia acompanhar, nunca dava para saber quem tinha se mudado ou ido embora, e sempre tinha alguma briga que terminava com a chegada da polícia. Os vizinhos eram barulhentos e havia os idosos que bebiam demais e causavam acidentes – como um senhor que usava muletas e, ao chegar bêbado, acabava caindo pelos corredores, precisando de ajuda. De tédio ao menos ninguém padecia por ali.

A senhora que tomava conta da pensão era a mais perfeita personificação do Estado: era ela quem cobrava os aluguéis, separava brigas, consertava objetos, fazia a limpeza e ajudava a repartir coisas entre todos. Sempre sabia quem tinha um pouco mais de comida, ou algum item que poderia ser útil para outra pessoa, e intermediava as trocas. Fazia tudo, mesmo já beirando os 80 anos de idade. Certa vez conversamos enquanto eu lavava a louça e ela me contou que veio do interior de São Paulo para a capital ainda criança, com cerca de 13 anos, para trabalhar para uma família e viver na casa deles, sem qualquer possibilidade de estudar, se casar ou ter a própria vida. Com o tempo, perdeu o contato com os parentes e ficou sozinha, até atingir uma idade em que não era mais produtiva para a família para a qual havia dedicado toda a vida. Contou que sofreu assédio e violência psicológica (não explicitamente, mas interpretei assim as situações que me contou) e que criou laços com a criança da família, que depois de crescer e sair de casa a deixou novamente sozinha. Quando foi demitida, já idosa, não tinha para onde ir e não sabia o que fazer, até que uma colega a indicou para cuidar da pensão em troca de morar lá. Mais uma vez, sua força de trabalho era explorada em troca de moradia.

Muitas vezes ela mostrou, do seu jeitinho, que sabia muita coisa sobre feminismo e empoderamento feminino. Certo dia, uma moradora, ao perceber que um mendigo havia entrado no prédio num dia muito frio e dormido na entrada coberta, alegou que, "se um homem cuidasse da pensão, estaríamos mais bem protegidos". A senhora soube derrubar um por um os argumentos da moradora, provando com suas atitudes que tudo ali funcionava por força do trabalho dela e que homem nenhum poderia garantir que faria melhor. Eu estava dentro do meu quartinho ouvindo a discussão e não aguentei; abri a porta e gritei: "A senhora é *girl power* mesmo!". Ela riu e disse que eu falava línguas!

Ela tinha sete gatos e, quando não estava cuidando da pensão, estava sentada no corredor com seus bichinhos no colo. Um deles adorava deixar presentes na minha porta: passarinhos, grilos, baratas. Eu chegava do trabalho e sempre achava algo novo! Ele se sentava na minha janela para me esperar, e ela dizia que os gatos sabem reconhecer pessoas boas e que, se ele gostava de mim, ela gostava também.

A maior parte dos moradores da pensão era de idosos, muitos dos quais trabalhavam informalmente, pois não haviam se aposentado e os benefícios sociais que recebiam não eram suficientes para pagar as contas. Havia alguns jovens que trabalhavam sem registro em carteira e também não conseguiam alugar um lugar melhor por conta da burocracia imobiliária. Também havia alguns estrangeiros, bolivianos que trabalhavam na região do Brás, e uma minoria dos moradores era de fato bandida – esses ficavam por algumas semanas e depois se mudavam, às vezes revezando várias pessoas no mesmo quartinho. A gente se assustava quando percebia que o morador mudava de uma semana para outra. Quando a senhora responsável pela pensão percebia que algum morador exercia atividades ilegais dentro dos quartinhos, ela mesma expulsava a pessoa.

A melhor e pior situação de todo o período que morei lá com certeza foi quando uma moradora (uma mulher de cerca de 60 anos que vendia água mineral nas ruas, falava sozinha o tempo todo e era muito, mas muito chata) atrasou dois meses de aluguel. Estava se aproximando o terceiro mês e, planejando uma vingança, a melhor zeladora do Brasil simplesmente arrancou a porta de madeira da caloteira do quarto e disse que só devolveria quando o aluguel fosse pago. Eu ria de desespero, pois o quartinho dela era de frente para o meu, e eu sabia que ia rolar o maior barraco quando ela chegasse. Dito e feito, foi uma gritaria, veio a polícia, e no fim das contas a porta não foi devolvida. Sem se fazer de rogada, a moradora cobriu a porta com um lençol e continuou lá sem pagar por mais algumas semanas. Meu desespero era o lençol cair da porta e eu assistir a senhorinha fazendo xixi no balde ou algo do tipo.

Ela acabou sendo despejada pouco tempo depois. Aí a porta voltou!

Se esse foi o "causo" que mais me fez rir morando naquele projeto de hospício, o que mais me entristeceu foi acompanhar a chegada de uma família que me fez encarar todas as faces da violência que a pobreza pode trazer, concentradas naquele pequeno grupo de pessoas. A família era uma mulher grávida, de cerca de 25 anos, o marido desempregado na mesma faixa de idade, e a filha de uns 3 anos de idade. A comunicação entre eles era sempre muito tensa: o marido gritava com a mulher e ela descontava na criança. Ele saía para tentar ganhar algum dinheiro enquanto ela cuidava da criança e das coisas de casa e, no fim do dia, ele geralmente voltava bêbado e sem dinheiro, gritava e muitas vezes batia nela e na pequena. Ninguém tinha coragem de se intrometer, claro. No máximo chamavam a polícia, mas a mulher não queria que o levassem, pois como ela ficaria sozinha? Outra criança estava para nascer. Geralmente eu aumentava o volume do rádio (eu não tinha televisão em casa) e tentava desviar a atenção dos meus filhos para que eles não ouvissem os gritos dela.

Há um grande parque a poucas quadras dali, muito gostoso, aonde eu sempre levava meus filhos, então um dia a filhinha desse casal perguntou o motivo de levar tanto meu filho no postinho. Eu não entendi. Ela disse que só saía de casa para ir ao posto (depois entendi ser o posto de saúde) e achava que meu filho estava sempre doente. Simplesmente não tinha ideia do que era um passeio em família.

De vez em quando, ela abria a porta de casa, colocava a cabeça pra dentro e gritava: "OI, TIA!". Eu quase morria do coração, mas não era algo que me incomodasse. Só que, se a mãe dela ouvisse, já ia logo gritando e batendo nela, então eu a chamava para brincar com o Panda ou com os meus brinquedos (pois é, tenho vários até hoje), e ela passou a ver uma outra perspectiva de relação entre mãe e filho, pois eu sempre fui muito carinhosa. Certa vez ela disse que eu beijava muito o meu filho e a mãe dela nunca a tinha beijado... A vida muito dura tira da gente muita coisa. Até hoje eu desejo que tanto essa menina quanto o bebê que veio logo depois consigam um dia encontrar afeto...

Como disse, todos ali eram um tanto agressivos na forma de se relacionar uns com os outros, e não tenho a menor dúvida de que um dos fatores que levavam a isso era a fome. Eu mesma passei a me irritar mais, gritar mais e ser mais estressada quando não tínhamos o que comer.

A relação entre os moradores e o entendimento deles como membros da sociedade me fazia pensar demais, tanto o caso de uma garota de 3 anos que não sabia o que era sair com os pais, como o dos idosos que geralmente se sentavam no degrauzinho de cimento na porta de casa e esticavam as pernas ao sol, ainda que não pagassem a tarifa do transporte público e tão perto de casa houvesse opções de parques públicos e o próprio Sesc, que não cobrava entrada. Quando eu perguntava por que não frequentavam esses lugares, a respostas era sempre algo como: "E a gente pode ir?". Eles não se sentiam parte da cidade, e isso é muito triste.

De toda forma, eu sempre ficava atenta para vagas de trabalho, tentando fazer com que as coisas melhorassem para todos.

Certa vez surgiu uma proposta na Prefeitura de São Paulo para acabar com os cortiços da cidade. Os moradores viram a notícia no jornal e só falavam sobre isso, então os mais idosos começaram a procurar favelas na região para tentar levantar um barraco. Naquele dia eu tive uma forte crise, pois a ideia de sair dali para um lugar ainda pior me apavorava. Eu não queria acreditar que poderia ser assim, mas fiquei pensando no que fazer se fôssemos para a rua: comecei a listar estações de metrô que tinham banheiro, centros de acolhimento da Prefeitura ou qualquer lugar onde pudesse me abrigar, caso tivesse que sair do quartinho.

Nunca achei que minha vida pudesse chegar a esse ponto e, por mais que entendesse que muitos fatores me levaram àquela condição, eu procurava culpados, achava injusto e chorava muito, pois me sentia perdida e não via um fim para tudo aquilo. Quando a gente se sente assim, parece que uma névoa cobre nossa visão e, mesmo se houver uma solução bem pertinho, ela está tão borrada que a gente não consegue enxergar.

Eu já não sabia o que fazer. Muitas vezes cheguei a ir trabalhar com a mesma roupa por dias seguidos, estava sempre com o rosto inchado de tanto chorar, as crises eram cada vez mais frequentes e, se eu tivesse a oportunidade de fugir de tudo dormindo, era o que eu fazia. Meus filhos claramente viam que algo estava muito errado, e eu percebia pelas atitudes deles que estavam fazendo de tudo para ajudar a aliviar um pouco a dor que eu estava sentindo: brigar menos e não dar trabalho em casa, fazer mais tarefas no meu lugar, sempre perguntar se estava tudo bem... Eu via a preocupação deles em cada atitude. Até que um dia Panda simplesmente me mostrou que entendia perfeitamente o que estava acontecendo. Ele me perguntou se eu já havia assistido ao filme *Divertida Mente* e, quando eu disse que sim, ele completou com: "Você não acha que a Azul pegou nas suas bolinhas e te deixou assim?". A personagem azul do filme é a Tristeza, e tudo que ela tocava ficava azul e triste. Aos 7 anos, meu filho foi capaz de diagnosticar depressão.

Em um desses dias em que o ato de levantar da cama, lavar o rosto e fazer qualquer coisa funcional parecia quase impossível, ele novamente me surpreendeu: pegou dois sucos de caixinha do lanche da escola, passou manteiga em fatias de pão (parecia um sonho pela quantidade de manteiga saindo das bordas) e colocou em uma sacola plástica de supermercado. Sentou na beirada da cama e pediu para eu me levantar, pois já estava deitada há muito tempo, e disse que tinha preparado um café da manhã que nós íamos comer no parque, porque todo mundo fica feliz no parque. Levantei-me e fui com ele. Foi um ótimo café da manhã, mas ao mesmo tempo me fez pensar que eu não servia para ser mãe de filhos tão bons. Pensei no quanto me sentia incapaz de dar a eles o mínimo para viver, que era injusto passar por tanto sofrimento com tão pouca idade e que qualquer pessoa no mundo seria melhor que eu para tomar conta deles.

Foi naquele café da manhã que eu decidi que não devia mais estar nesse mundo.

Mais alguns dias se passaram, e eu me sentia cada vez pior. É um tipo de dor que toma conta do corpo inteiro; eu não conseguia mais pensar em nada e me lembro apenas de dizer o tempo todo que estava muito cansada.

Num sábado, 10 de setembro de 2017, meus filhos não estavam em casa e eu passei o dia remoendo todas as questões que me assombravam nos últimos tempos. Não tinha nada em casa para comer há alguns dias, e eu não era mais uma pessoa funcional, apenas dormia e chorava. Aproveitei meu momento sozinha e de repente me levantei e separei todas as caixas de antidepressivos que tinha comigo e peguei uma garrafa d'água – mas antes eu resolvi passar um pano no chão com um desinfetante cheiroso e tirar o pó das coisas (imagina o cara do SAMU chegando e achando que o meu barraco era desarrumado?) e depois de deixar tudo limpo eu tomei um banho e coloquei uma roupa limpa, pois quem quer morrer toda suada?

Foi um banho rápido, mas durante o qual eu pensei em toda a minha vida até então e chorei muito. Enquanto tomava os comprimidos, decidi colocar Tool, a minha banda favorita, para tocar. Queria que fosse a última coisa que eu ouvisse, então coloquei um vídeo que tenho guardado de um *show* deles e, depois de tomar dezenas de comprimidos e sentir que estava quase dormindo, olhei para a tela e fiquei vendo aquelas projeções e lasers.

Achei que deveria dizer alguma coisa e mandei uma mensagem no grupo de WhatsApp de amigos de longa data. Queria pedir ajuda, queria explicar, mas só consegui dizer "estou cansada" enquanto ainda chorava muito. Percebi ao mandar a mensagem que não queria de fato morrer, só não queria mais aquela vida horrível. Pouco tempo depois acho que desmaiei.

Não me lembro de muita coisa, mas depois soube que minha filha me encontrou, ligou para a emergência, foi orientada por telefone a fazer massagem cardíaca e ajudou o SAMU quando chegaram. Lembro-me de acordar no hospital, cercada por amigos e família, de ver que estavam preocupados comigo e sentir ao mesmo tempo alívio e vergonha. Tentaram fazer uma lavagem, mas o tubo não passava pelo nariz (foi o momento ideal para descobrir um desvio de septo). O enfermeiro forçou o tubo e machucou minha garganta; eu gritava de dor, acabei por ingerir o carvão ativado via oral e foi nojento – eu estava com a boca toda suja de preto, o nariz sujo de sangue e me senti a pior pessoa do Universo frente aos meus amigos. Se no Dia do Juízo Final fizerem uma projeção dos seus piores momentos em um telão, tenho certeza de que essa imagem será o meu encerramento.

Depois de ficar em observação, me informaram que não havia psiquiatra no hospital para me avaliar, mas eu poderia consentir em uma internação em uma clínica psiquiátrica. Não pensei duas vezes e aceitei: só queria uma forma de lidar com aquilo que estava sentindo e estava disposta a receber ajuda.

Na manhã de domingo, 11 de setembro, cheguei à clínica que fica na Zona Sul de São Paulo. Durante o trajeto, na ambulância, comecei a pensar em todas as referências que tinha sobre hospitais psiquiátricos: aquela coisa de filme com gente gritando e um ambiente esquisito. Aí passei a sentir muito medo e, ao chegar lá com o meu irmão, assinar todos os papéis e fazer uma avaliação clínica, fui informada de que teria que entregar meu celular e todos os pertences pessoais. Aí entrei em desespero. Não queria ficar incomunicável, sem poder ouvir música, e de repente não queria mais estar ali e comecei a me desesperar. Por outro lado, ainda estava sob efeito dos remédios e precisava dormir, então, após dar entrada e conhecer meu quarto, eu dormi até o final do dia, quando uma amiga me levou algumas roupas e itens de higiene pessoal. Estava assustada e, assim que minha amiga foi embora e fiz uma refeição, voltei a dormir, com medo de encarar o fato de que estava lá. Havia outras quatro mulheres no quarto. Três delas tinham tentado suicídio, e uma tinha se internado por vontade própria. Lembrou um pouco aquela coisa de ir pra cadeia: você não pode sair, não tem liberdade, divide espaço com outras pessoas e quando chega a primeira pergunta é: "O que você fez para estar aqui?".

Uma das pacientes do meu quarto era uma senhora de 71 anos; as outras eram da mesma idade que eu ou um pouco mais velhas. Todas eram pessoas tranquilas, mas na primeira noite ouvi alguns gritos e choro vindos do corredor ou de outros quartos. Encolhi-me na cama e tentei me distrair.

Cheguei lá disposta a sair melhor do que entrei, e o primeiro passo para isso foi falar abertamente com os médicos, tomar certinho todos os remédios e encarar aquele momento como meu: um tempo para pensar em mim e no que eu queria para a minha vida depois de sair de lá.

Tive acompanhamento psicológico e psiquiátrico. Havia uma monitora de atividades terapêuticas e, para minha sorte, a primeira atividade foi ir à piscina (não pude deixar de pensar naquele momento que estava enfim sendo retribuída por todo o sofrimento causado pelo desconto no salário devido ao convênio médico, pois estava em um bairro de classe média alta, comendo cinco vezes ao dia e com uma piscina à disposição – parecia que o jogo tinha virado, não é mesmo?). Na primeira visita, deixei minha família espantada quando pedi um biquíni!

O horário de visitas era no meio da tarde, meio complicado para quem trabalha em horário comercial, mas ainda assim todos os dias eu recebia alguém. A ansiedade de todos era palpável e, quando entrava um rosto familiar pelo corredor, toda a dor ia embora por breves momentos. Eu chorei todas as vezes que vi alguém entrando para me visitar. Em uma das conversas com a psicóloga, falei que não me sentia querida pelas pessoas, e, no quarto ou quinto dia, ela ficou observando as visitas e comentou sobre a quantidade de pessoas diferentes que iam me ver durante a semana, no meio da tarde, para se fazer presentes em um momento tão difícil para mim.

Uma coisa que eu não entendia era o fato de não haver doces nas refeições. Eu era completamente viciada em açúcar e, com o passar dos dias, a abstinência afetou meu humor e já me fazia pensar nas coisas mais absurdas possíveis. Havia uma árvore no quintal que ficava relativamente perto do muro. Por ter ido de ambulância, eu não sabia exatamente onde estava, mas meu irmão me falou o nome da avenida, a estação de metrô mais próxima e deu como referência um supermercado. Menos de uma semana sem comer doces e eu já pensava: "Se eu escalar a árvore posso chegar ao muro, pular para a rua, encontrar o supermercado que meu irmão falou, comprar chocolates e voltar".

Humm, vamos lá: a) se eu pulasse o muro, quebraria a

perna, com certeza; b) com qual dinheiro iria comprar o chocolate?; e o mais intrigante, c) por qual motivo eu pensava em voltar para lá? Se já estava na rua era só fugir... ai, ai.

No dia em que serviram bolacha recheada, eu cheguei a enfiar algumas dentro do sutiã e esconder no quarto de puro desespero, pensando que seria o último doce da minha vida!

Certa vez tentei levar chá do refeitório para o quarto (o trajeto era curto, mas passava por algumas enfermeiras). Consegui executar meu plano genial: escondi dois copos descartáveis cheios de chá debaixo da cama e fui fazer as atividades; no momento em que me deu vontade, fui ao quarto, sentei na cama, balancei os pés e... derrubei um dos copos. Não se pode ganhar todas. Eu disse para a auxiliar de limpeza que foi um acidente e ela pensou que eu tinha feito xixi debaixo da cama. Nunca mais olhei para ela direito de tanta vergonha!

Após a primeira semana eu já estava mais tranquila: conversava com as pacientes, enfermeiras e tinha mais a confiança dos médicos. No começo, parece que o que você diz não tem validade nenhuma. É horrível. No dia em que cheguei, disse que precisava de remédio para dor, pois no hospital havia sido machucada pela sonda durante a tentativa de lavagem. A enfermeira ouviu e não tomou nenhuma providência. Falei a mesma coisa para o meu irmão, que avisou a enfermeira e foi prontamente atendido, então ela me trouxe um remédio.

Depois de ter alguma proximidade com as outras pacientes, eu já estava fazendo piadas e basicamente montei um *show* de comédia *stand-up* no nosso quarto, com piadas de loucos. Até os funcionários foram ver! Eles comentavam entre si que "o quarto das depressivas era sempre animado".

Mas nem sempre as coisas eram tranquilas, como quando eu discuti com a senhora de idade que estava no mesmo quarto que eu. Ela havia me contado um pouco sobre sua vida: era uma pessoa sem familiares, que morava em um bairro muito bom e tinha uma boa casa, boa aposentadoria, carro, um convênio cujo valor era quase três meses do meu salário. Ela entrou em depressão profunda ao perder sua única companhia, um cachorro que passou os últimos 16 anos ao seu lado. Durante o dia ela chorava bastante e, quando dormia, costumava falar com o cachorro falecido. Ela contou que costumava andar pela casa chorando e gritando às vezes, e que sua vizinha conseguiu interná-la. Certo dia, ela chorou o tempo todo e eu não conseguia ler ou dormir, então disse a ela que não conseguia entender o motivo de estar daquele jeito, sendo que nunca tinha lhe faltado comida, casa ou dinheiro. A meu ver, isso já era motivo suficiente para não sofrer. Ela não respondeu e saiu do quarto, e eu dormi até que meu irmão e minha filha chegaram para me visitar. Estávamos todos sentados na cama conversando e rindo, e de repente ela entrou no quarto e disse que o que eu tinha era muito mais importante do que o que ela tinha.

Nenhuma desculpa que eu tenha pedido a ela será suficiente, hoje eu entendo.

Além de discussão, teve até porrada quando uma menina muito jovem que sofria de confusão mental me acusou de roubar o xampu dela. Todo santo dia ela perdia alguma coisa, só que veio me bater por causa do tal xampu. Eu me desesperei, gritei e as enfermeiras a levaram para a UTI, onde ela ficou amarrada e só retornou dois dias depois. Eu pude ver seus pulsos machucados e me senti péssima. Não queria briga, mas precisei lembrar a ela que se fosse roubar algo não seria xampu, pois nem cabelo eu tinha.

Os dias se passavam mais leves e percebi que os medos de todas nós eram muito comuns: o que pensariam da gente depois de sair de lá? Será que íamos namorar de novo um dia? Quem ia querer ficar com uma doida? Muitas delas tinham medo de não conseguir emprego – novamente fazendo o paralelo com a cadeia, o estigma de ter passado por uma clínica psiquiátrica assustava a todas nós como deve assustar alguém que já foi preso. As meninas costumavam falar dessas coisas entre si, mas não falavam com os médicos. Eu, por outro lado, sempre levava às consultas meus medos, planos e preocupações.

Cerca de duas semanas depois de chegar à clínica, tive uma conversa muito importante com o psiquiatra que me acompanhava. Ele falava sobre a minha evolução e sobre a intenção de me dar alta, mas eu mesma acabei pedindo para ficar um pouco mais de tempo lá, pois não sabia se estava pronta para voltar ao mundo "normal". Então ele me disse algo que mudou tudo para mim: que eu não era doente, e sim pobre, uma condição menos dolorosa de se reverter do que a de muitas outras que estavam ali, e que confiava em mim para não me ver novamente internada. Aquelas palavras tiveram um impacto muito grande em mim. Ao mesmo tempo que me sentia mal por não saber como e quando eu iria reverter a situação de pobreza, por outro lado eu me senti na obrigação de sair de lá e me cuidar para não voltar, como ele tinha dito.

Já fazia tanto tempo que eu não ouvia as músicas de que eu

gostava e que eu não usava meu celular que por si só já era um motivo para querer sair e nunca mais voltar para lá.

 A abstinência do celular talvez tenha sido pior que a dos doces. Eu me percebia por diversas vezes com a mão vazia, mas no formato como se estivesse segurando o telefone, e ao acordar a primeira coisa que fazia era passar a mão debaixo do travesseiro para procurar o aparelho. Algumas vezes, assim que minhas visitas chegavam, eu pedia para olhar o celular delas, o que me tirava a atenção de quem de fato estava ali comigo. Surreal.

 A psicóloga da clínica tinha um celular igual ao meu, então quando recebia mensagens e eu ouvia o toque, chegava a ter taquicardia e chorar. Nunca havia passado tanto tempo sem celular, e a experiência infelizmente não me deixou com uma mensagem bonita de libertação para contar – hoje em dia até para o banho eu levo o bichinho. O vício não passou e talvez tenha piorado; se bobear, eu me esforço para não ser internada outra vez só pelo medo de ficar longe do aparelho. Não é saudável, eu sei. Mas fazer o quê?

 Nesse período, já que não tinha música, eu precisava da minha outra paixão: a escrita. Minha mãe me levou caderno e caneta, os quais geralmente os pacientes não podiam ter, pois alguém podia usar a caneta para se machucar. Várias coisas não eram permitidas, como cinto, rádio de pilha, gilete (só podíamos usar com uma enfermeira junto no banheiro, mas eu deixei quieto porque não estava a fim de fazer isso com plateia), mas, como éramos pacientes mais boazinhas, eu pude ficar com a caneta, meu quarto tinha espelho (o único lá, então sempre entrava alguém para se olhar, o que eu odiava), e uma vez até me deixaram ganhar um chocolate!

No meu caderno, uma das páginas tinha um Top 5 (eu amo fazer listas) de coisas de que mais sentia falta: doces; celular para ouvir música, pizza, carinho e salão de beleza. Outra lista era das cinco melhores coisas da internação: ter rotina e horários; descansar; desenvolver autocontrole; me alimentar bem e fazer exercícios.

Eu estava apavorada com a ideia de voltar para a rotina que tinha causado tudo aquilo: a casa e o trabalho. Então os médicos me ajudaram com a parte que lhes era possível e pediram o meu afastamento do trabalho, e minha mãe deixou que eu fosse para a casa dela por um tempo. Comecei a me preparar psicologicamente para receber alta, mas morria de medo do mundo lá fora.

No dia da alta eu estava muito ansiosa, mas, quando meu irmão chegou para me buscar, eu já tinha me despedido de todos e decidido a primeira coisa que ia fazer assim que tivesse recuperado a liberdade: COMER BATATA FRITA!

O vento entrando pela janela do carro, o movimento nas ruas, o gosto da batata frita: tudo era tão intenso que eu até podia estar com medo e sem rumo, mas com certeza estava feliz por estar viva!

7

O sangue
nem aparece
na foto

Eu estava com muito medo do mundo fora da clínica, mas aos poucos fui percebendo que, tanto durante a internação quanto depois da saída, um fator extremamente importante para o sucesso do tratamento foi ter o apoio das pessoas próximas: família, amigos e conhecidos. Recebi tantas visitas e tantas mensagens de apoio que não me senti sozinha nem desamparada durante esse processo. Sempre digo e repito: estejam presentes na vida de quem está passando por um processo depressivo, especialmente durante uma internação psiquiátrica ou após uma tentativa de suicídio, pois isso pode salvar uma vida.

Aquela euforia que senti ao deixar a clínica durou algum tempo: passei a reconhecer e a admirar coisas simples, como poder sair na rua, andar um pouco, comer um doce, ter os amigos e a família por perto. Porém, ao mesmo tempo, não tinha toda a liberdade do mundo: fiquei na casa da minha mãe e era bem vigiada para que não fizesse nada de errado. Meus remédios ficavam guardados para que eu só tomasse a quantidade certa no momento certo. Lembro-me da minha filha me olhando enquanto eu procurava uma tesoura – eu ria, porque só queria abrir uma embalagem, mas ela me olhava como se eu fosse uma criança de 2 anos prestes a fazer alguma bobagem. Seguimos assim por um tempo, e eu entendo perfeitamente esses cuidados.

Mas é óbvio que eu queria sair e me divertir. Também ficava preocupada com o futuro, pois não tinha a menor ideia de como sairia da pensão horrível em que eu morava e para onde em algum momento teria que retornar, nem como faria quando tivesse de voltar ao trabalho. Definitivamente não queria regredir depois de ter avançado/evoluído tanto durante a internação. Então, eu passava boa parte do meu dia pensando no que deveria fazer.

A rotina durante a internação me fez muito bem: ter horários rígidos para refeições e remédios me dava certa segurança, o que também me fez perder peso. O problema é que perdi até demais. Cheguei aos 42 quilos, com os ossos aparentes nas costelas, e não era muito legal.

Claro que fora da clínica era muito difícil manter a rotina, ainda mais na casa de outra pessoa, mesmo que fosse minha mãe ("almoço ao meio-dia, tá doida?"), mas tentei de toda forma me manter na mesma linha.

Depois de um tempo consegui uma pequena brecha na marcação cerrada da família e pude sair para ver uma amiga. Enfim, algo que eu poderia chamar de um rolê! Casa de amiga é outra coisa!

Os remédios foram essenciais na minha recuperação, mas alguns dos efeitos colaterais eram tão complicados que me deixavam bastante preocupada, especialmente a confusão mental e o esquecimento. Então, na minha primeira saída de casa para um lugar um pouco mais longe, eu escrevi uma lista das coisas que iria fazer e como chegaria aos lugares, caso me sentisse confusa. Felizmente, deu tudo certo.

Conversamos, choramos, e eu me senti mais uma vez completamente acolhida e compreendida. Ninguém quer perder um amigo ou alguém importante, ainda mais dessa forma, e as pessoas aproveitaram a chance para me dizer o quanto eu significava para elas. O ideal seria que a gente se sentisse mais livre para dizer essas coisas sempre, não só quando algo ruim acontece.

(Vai lá, pode dar uma paradinha na leitura e mande uma mensagem para alguém importante para você, para que essa pessoa não tenha dúvidas disso.)

Conversa vai, conversa vem, contei todas as fofocas da clínica, minha amiga fez os comentários óbvios sobre o bronzeado adquirido em meio ao caos, rimos muito e, depois de um lanche, eis que a doida da limpeza que habita em mim começa discretamente a lavar a louça, depois a pia, depois a tirar o pó e varrer... Espera, tem alguma coisa pra esfregar esses azulejos?

Assim a tarde foi passando, a conversa e a limpeza rendendo, e de repente já era noite, a casa dela estava limpa e a fofoca em dia. Depois de um banho, um jantar e um filminho, veio a pergunta que acendeu uma lâmpada na minha cabeça: "Amiga, posso te pagar por esse trabalho todo?".

Aí eu entendi o que rolou com o Isaac Newton e a maçã, sabe?

Naqueles dias, por acaso, eu estava descobrindo como funcionava o afastamento do trabalho e fiquei sabendo que, além de não receber salário, eu teria que aguardar a perícia do INSS, agendada para dali a três meses. Enquanto isso, eu tinha na conta bancária 1 real e 70 centavos. Maravilha!

Passei o resto da noite inquieta e na verdade nem prestei atenção no filme. Fiquei calculando o quanto a minha vida poderia mudar se eu fizesse aquilo todo dia: eu estava ganhando cerca de 680 reais mensais e naquele dia, por uma faxina, tinha ganhado 150 reais em algumas horas.

Mostramos para algumas amigas as fotos da faxina e eu as divulguei timidamente, para poucas pessoas. Logo comecei a fazer mais algumas faxinas, coisa de uma por semana. Para quem estava sem absolutamente nenhuma renda, fez toda a diferença.

Essas primeiras faxinas feitas para amigos me salvaram de tantas formas, e acredito que até hoje eles não saibam o bem que me fizeram. Eu já tinha voltado para o quartinho com meus filhos, e ter a chance de passar o dia longe dali melhorava minha ansiedade; a grana me permitia pagar tudo o que eu devia referente ao período da internação e também manter as contas do mês em dia; eu estava trabalhando pela primeira vez com esforço físico, e essa atividade me fazia chegar em casa e dormir rapidamente, sem tempo de ficar pensando bobagens.

O dia que em voltamos juntos para nossa casa foi especial de um jeito que, agora, parece meio nojento, porém na hora foi muito legal: ao entrar em casa, depois de tanto tempo fora, com a geladeira vazia e as crianças comigo, prometi que compraria algumas coisas no supermercado, mas também decidi que poderíamos escolher cada um uma coisa: Panda escolheu temaki (sempre será temaki); Claire, pizza de queijo; e eu, aquele PF maravilhoso de arroz, feijão, bife, batata frita e salada. Estávamos comendo quando de repente resolvemos provar um a comida do outro: era pizza com batata frita, salada com temaki, uma festa. Hoje lembro disso com uma careta, mas naquele momento foi sensacional!

Claro que, ao voltarmos para casa, as coisas ficaram estranhas no começo, pois o medo de voltar à estaca zero era enorme. Panda veio para casa uns dois dias depois de mim e, entre coisas divertidas como "Eu tive outras férias, adorei!", ele fez um comentário que mais uma vez me tirou o chão. Durante a internação, ele tinha ficado com o pai, que me jurou não ter falado absolutamente nada sobre o que tinha acontecido. Ainda assim, Panda disse, ao chegar: "Se eu tiver que escolher entre uma mãe rica e você, escolho você".

Definitivamente Panda é uma criança especial, e eu não estou falando do fato de ele ser autista.

Depois de fazer algumas faxinas aqui e ali, apenas para amigas e ainda sem direito ao auxílio-doença, estava eu novamente sem grana em casa e ouvi mais de uma vez: "Quando você vai divulgar pra valer essas faxinas?".

E lá fui eu estudar como fazer isso. Eu poderia simplesmente ter colocado na internet que estava fazendo faxina e pronto, mas não sou assim. Fui olhar os anúncios de serviços em grupos de Facebook e procurei sites de empresas que fazem intermediação de mão de obra, para saber como a profissão era retratada na internet. Não havia muita coisa, e o que tinha era sempre muito parecido: muitas mulheres oferecendo o serviço por valores muito baixos na esperança de conseguir trabalho, muitas justificativas por estar prestando esse tipo de serviço, e muita gente que claramente não gostava do que fazia e o fazia por não ter outra opção, além de um sem-número de histórias tristes.

Aquilo por si só já me desanimou logo de cara, mas pensei melhor e vi que tinha a possibilidade de fazer algo diferente – e isso eu não poderia deixar passar.

Depois pensei no que me agradava ou chamava a atenção quando eu via uma propaganda. E logo me vieram à cabeça os comerciais de uma loja de móveis cuja proprietária anunciava os produtos vestida de Mulher-Gato: estou falando da Sylvia

Design. Por algum motivo, quando estava pulando os canais na TV, parei num desses anúncios e passei uns quarenta minutos vendo uma sequência deles e vidrada na forma como ela falava e no jeito divertido de chamar atenção.

Foi assim que tive a ideia para criar o meu anúncio, mas esbarrei em dificuldades para colocá-la em prática. Então pedi ajuda ao pai do Panda, meu escudeiro fiel em questões tecnológicas. Até então eu estava usando um iPhone 4s que um amigo tinha me dado quando precisei vender meu celular para pagar umas contas atrasadas, e nem sempre tinha crédito para acessar a internet, então usava o wi-fi da Prefeitura em alguma praça, estação de metrô ou o da padaria da esquina de casa. Dessa forma, passei as instruções ao meu ex: modificar a imagem do cartão do Saul Goodman, personagem da série *Breaking Bad*, uma das que mais gosto. Fiz uma foto imitando a pose dele e o meu ex fez a montagem, então pedi à minha melhor amiga para fazer outra montagem inspirada no filme *Kill Bill*. Por fim, faltava só o texto do *post*, que anunciaria nas redes a minha nova profissão.

Enquanto fazia faxina para as amigas, vez ou outra ouvia comentários do tipo: "Não dá vergonha de limpar a casa de uma pessoa que você conhece?" ou ainda "Faxina??? Puxa, pior que *call center*, né?". E por cinco minutos tive receio de fazer a postagem, mas depois me lembrei que nenhuma das pessoas que faziam esses comentários era responsável por pagar meus boletos (tão atrasados), e então fiz o texto para acompanhar a imagem: direto, honesto e do fundo do meu coração:

Desde sempre eu tenho dificuldades financeiras. Sempre trabalhei em empregos mal remunerados, geralmente sendo obrigada a ter mais de um emprego para garantir um mínimo de conforto para minha família. Não raro preciso de ajuda com as coisas que eu mesma deveria ser capaz de providenciar para mim e meus filhos. Faz um bom tempo que venho fazendo faxinas esporádicas na casa de amigos e é divertido para todos: casa limpa para quem eu gosto, dinheiro ganho e muito amor.

Agora que estou afastada do meu trabalho no laboratório, resolvi estender esse trabalho para pessoas desconhecidas e passei a oferecer o trampo em grupos do Facebook. Hj fiz minha primeira faxina na casa de alguém que não conhecia. É um trampo difícil, a gente se sente sem graça e quer que tudo dê certo, e é megassatisfatório ver a alegria da pessoa em ter o prazer da minha companhia (mentira, eu só manjo muito de limpeza).

Ouvi algumas vezes: "vc não tem vergonha de fazer esse trabalho?".

NÃO. NÃO TENHO.

Desculpe o textão, boa noite e, como não poderia deixar de ser, ofereço meu trampo da forma mais bizarra pq eu sou dessas. Beijos de luz.

Fiz o *post* no final do dia. Quando eu acordei...

Sei lá o que aconteceu: eu queria que meus trezentos amigos do Facebook soubessem da minha empreitada e me chamassem para faxinar a casa deles enquanto eu estava afastada do trabalho, só isso. Mas tinha quase 10 mil *likes* e 6 mil compartilhamentos na postagem! De onde tinha saído toda aquela gente?

O mais divertido eram os comentários de incentivo, ou pessoas dizendo de onde eram e como tinham chegado ali no meu perfil! Loucura! Passei o dia respondendo mensagens de clientes, curiosos e apoiadores. Teve até uma galera que no meio da madrugada mandou um áudio diretamente do bar gritando "Você é fodaaaaa", e eu ri demais!

Ao perceber que tinha dado muito certo, resolvi fazer mais cartazes, mas no dia seguinte ao *post* meu patrimônio total familiar era de 12 reais, que seriam revertidos no jantar daquele dia. Chamei as crianças para dizer que tinha tido uma ideia e ia precisar da compreensão deles: eu iria gastar o dinheiro do jantar para fazer uma foto, mas seria a última vez que ficaríamos naquele dilema – era uma promessa.

Em frente à pensão havia uma loja da Cacau Show, onde comprei um *waffle* por 7 reais, e na rua ao lado havia uma loja de fantasias e decoração de festas infantis, onde comprei por 5 reais um potinho de sangue falso. Foi-se meu orçamento, ou *budget*, como a galera gosta de falar.

Claire tirou a foto: o sangue falso escorrendo pelo nariz e eu segurando o *waffle*. A própria Eleven de *Stranger Things* da Zona Leste! Mais uma vez minha amiga ficou encarregada da montagem. Naquela noite jantamos o *waffle*, mas depois daquele dia nunca mais dormimos com fome, como eu havia prometido.

Um detalhe muito importante: o sangue nem aparece na fotografia.

Nessa altura do campeonato, meu Facebook, que abrigara meus trezentos amigos, era visto agora por milhares de pessoas que eu não sabia quem eram e acompanhavam minha vida pessoal, já que eu sempre fui de postar bastante. Percebi que não queria aquilo e teria que separar as coisas, o que foi o principal motivo da criação da página Faxina Boa.

Eu não sabia absolutamente nada sobre criação de conteúdo ou como gerenciar uma página de Facebook, mas fui fazendo aos poucos, errando, acertando, descobrindo. Vi que ali havia espaço para muito mais do que postar os anúncios de faxina: também dava para iniciar conversas, promover reflexões, fazer denúncias e, claro, me divertir. Então passei a postar desde pequenas crônicas sobre o dia a dia até *playlists* de músicas que escuto enquanto limpo, dicas de limpeza, relatos de situações de abuso e preconceito vividas por mim ou outras pessoas, entre outras coisas. O mais importante era sempre deixar clara a importância do trabalho que faço e estender isso aos demais prestadores de serviço.

Não tinha nem uma semana da criação da página e eu dei minha primeira entrevista para um jornal do Rio de Janeiro; dois dias depois, estava gravando a primeira entrevista para televisão, e em pouco tempo a página alcançou 10 mil seguidores. Alguns textos chegaram a alcançar mais de um milhão de visualizações. Eu achava tudo aquilo inacreditável.

Uma das consequências mais sensacionais do meu trabalho nas redes sociais foi trazer clientes de faxina que seguiam um padrão: jovens, moradores da região central e profissionais de comunicação. Toda faxina com o cliente na casa tinha um quê de mentoria, e eu não deixava passar uma dúvida sequer. Não demorou para eu ganhar um curso de planejamento e criação de conteúdo e logo fui convidada a visitar uma agência, conheci outros profissionais que viviam exclusivamente de seus canais no YouTube e perfis no Instagram, e entendi que de fato isso poderia ser uma profissão futuramente.

Uma das características mais marcantes de pessoas que conquistam seus objetivos ao longo da vida com certeza é a "cara de pau", e não penso duas vezes antes de fazer essas coisas. Certa vez, vieram me dizer que tinha um ótimo texto no LinkedIn sobre mim e eu nem utilizava essa rede social, então não conseguia ler o artigo. A pessoa me enviou *prints* e eu entrei em contato com o autor do texto: um profissional de comunicação. Não tive pudor algum e pedi para fazer gratuitamente o curso de *storytelling* dele.

Sabem aquela história de "o não você já tem"? É isso.

Fiz o curso e conheci outros profissionais que me abriram novas possibilidades. Em outubro de 2017, veio o convite para palestrar pela primeira vez – nada menos do que num evento para profissionais de comunicação realizado na sede do Twitter Brasil. A princípio eu recusei, pois achava que não conseguiria (olha a insegurança e a síndrome da impostora aí novamente!), mas depois aceitei. Enquanto fazia as faxinas, colocava no Youtube vídeos de palestras e ia percebendo o que me agradava mais, como fazer uma boa abertura, como me portar no palco e coisas do tipo.

Então chegou o grande dia – que nervoso! Tive a ajuda de uma grande amiga para finalizar os *slides* e repassar o conteúdo, mas quando entrei no carro comecei a chorar, pois não queria mais ir. Foi um belo papelão. Chegando lá eu me tranquei no banheiro e chorei mais ainda. Por fim, lavei o rosto, tomei um remédio para dor de cabeça e subi no palco. Minha voz saía tremida, mas a resposta do público, e sua atenção voltada para aquilo

Minha avó Guiomar e eu em Vitória da Conquista, Bahia, minha cidade natal, em 1981. Sempre fomos muito próximas. Ela foi a grande responsável por tudo que eu sou hoje, certamente foi a melhor avó do mundo!

Logo após meu nascimento na Bahia, viemos para São Paulo, moramos no bairro da Liberdade e depois fomos para a Vila Buarque, onde morei até o fim da adolescência.

Cresci correndo e brincando pelas ruas da Vila Buarque. Sinto muita saudade de morar no centro de São Paulo.

Na Vila Buarque, em 1984, eu em uma pose clássica dos anos 1980: foto com telefone fixo e usando pochete.

Desde criança já tinha predileção por organização e por cores combinando!

Nossas festas eram sempre muito divertidas e criativas. Eu aqui em uma dessas ocasiões, comemorando meus 5 anos de idade ao lado de minha querida avó Guiomar.

Sempre gostei bastante da escola! De fato, nunca fui uma aluna exemplar, mas me dava bem no ambiente escolar e transitava pelos diferentes grupos.

Desde 1987, essa foi a minha única "Formatura" até hoje, a do primeiro ano. Infelizmente!

Minha família, em algum momento de 1988, todos vestidos do mesmo jeito, porque família que se veste de forma parecida permanece unida.

Quando éramos crianças, nós costumávamos viajar em todas as férias. O litoral era um lugar que sempre agradava a família toda.

Morar no centro de São Paulo é carregar lembranças como essa: em 1991, andava livremente de *skate* pela Praça Roosevelt, reduto dos skatistas até hoje. Andava muito de bicicleta no Elevado Presidente João Goulart, conhecido popularmente como Minhocão. Uma via expressa elevada no centro de São Paulo, que costuma fechar para os carros aos finais de semana. Sim, existe liberdade em SP.

Aqui estamos minha mãe, meus irmãos e eu. Em 1991, ela não tinha chegado aos 30 anos e já tinha cinco filhos. Atualmente ela tem seis netos. A família só aumentou!

David Yan Oliveira Santos, este era o nome do meu irmão que faleceu ao cair da janela do nosso apartamento. Ele era uma criança doce e calma, que faz muita falta à nossa família. Esse foi um episódio que nos marcou muito e me mostrou muito cedo que a vida não seria nada fácil.

Tive a oportunidade de estudar no Colégio Sion, um dos melhores da região onde morávamos. Em dado momento, fiz a Primeira Comunhão, muito mais pela obrigação que pela religião.

Em 1994, ainda na Vila Buarque, tenho um carinho especial por esta foto. Me orgulho muito da educação que recebi e adoro ter contato até hoje com muitos dos meus colegas do colégio.

O Sepultura foi a primeira banda brasileira que realmente gostei e acompanhei por muitos anos. Costumava frequentar o fã-clube que ficava na Galeria do Rock, no centro de São Paulo, onde os fãs trocavam informações e conheciam novas bandas, ainda num mundo pré-internet.

Mesmo tendo engravidado ainda adolescente e passando por muitas dificuldades, eu consegui curtir bastante o processo todo.

Claire tinha acabado de nascer, em 1999. Aqui eu e meus irmãos e, como se pode notar, em toda família tem aquela pessoa "diferentona", que se veste de preto e não segue bem as regras da sociedade, né!?

Nunca tive medo de mudar o visual, por isso já tive todas as cores de cabelo possíveis.

Em 2001, passei a frequentar os estúdios da rádio Brasil 2000 FM, participando do programa Garagem.

Ser mãe ainda adolescente foi um grande agente transformador na minha vida. Agradeço muito por isso!

Com um desenvolvimento bastante irregular, Panda passou de "não sabia falar nem a palavra água" para "ler e escrever com desenvoltura aos 3 anos de idade". Aos 8 anos ele foi diagnosticado com Transtorno do Espectro Autista.

Em 2013, esta era a formação da equipe do programa Garagem (*a partir da esq. de cima para baixo*): Gabriel Gaiarsa, Alexandre Cassolato, Fabio Nipo-Luso, Veronica Oliveira, Larissa Zylbersztajn e Geraldo Arcanjo. Um marco na história do rádio brasileiro.

Aos 33 anos e pesando quase 100kg, decidi me submeter a uma cirurgia bariátrica, que foi o pontapé inicial para melhorar minha autoestima. É um processo que ainda não chegou ao fim, mas que me traz muita satisfação em ver os resultados acontecendo pouco a pouco.

Tenho convicção de que ainda não sei muitas coisas, mas tenho certeza de que dominei a arte de fazer filhos parecidos comigo!

Em 2015, dei um dos abraços mais difíceis da minha vida: ver a partida de alguém que se ama muito é difícil demais. Senti tanto medo de nunca mais poder ver minha melhor amiga, Iaci Lopes, outra vez. Ter uma companheira de vida, uma amizade de mais de três décadas é algo bonito demais!

Quando pedi ao meu ex-namorado, Fagner Alves, para fazer esse anúncio a gente riu demais de tudo: da ideia, da execução, pois não fazíamos a menor ideia de que estávamos planejando uma virada na minha vida.

Os anúncios do Faxina Boa sempre tinham a cultura pop como referência, pois isso faz parte de quem eu sou. Queria divulgar meu trabalho de uma forma que fosse divertida e leve, por isso agradeço também a Iaci Lopes, por ter me ajudado.

Contei sempre com a ajuda de muita gente. Magoo Felix (@magoofx), que é artista do meio underground, foi um grande parceiro também e topou fazer alguns cartazes para o Faxina Boa.

Esse era o quartinho do cortiço onde morávamos no período mais escuro de minha vida. Nele cabia somente uma cama, um móvel pequeno, um fogão e uma geladeira, todos ligados numa mesma tomada. Apesar de pequeno, mofado e abafado, estava sempre arrumadinho e limpo, o que chamava a atenção dos vizinhos.

Fui convidada pela UOL, em 2017, para ilustrar uma reportagem feita no cortiço onde morávamos. Aqui eu estou no tanque que era de uso coletivo. Quando o fotógrafo deu a ideia dessa pose pensei "vai ficar horrível" e quando vi simplesmente adorei!!!

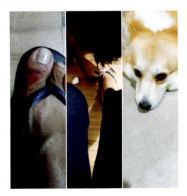

Apesar da dor e do desespero, eu tinha que registrar as bizarrices às quais as faxineiras são submetidas. O meu dedo mordido pelo cachorro e colado com supercola. Inacreditável!

No mesmo dia da reportagem no cortiço seguiram mais faxinas, sessões de fotos ou sessões de fotos fazendo faxinas...

Em 2017, fui convidada para minha primeira palestra no Twitter Brasil. Estava tão nervosa que me senti mal. Mas em cinco minutos depois de subir no palco já estava "me sentindo em casa", pois logo vi que esse era o meu lugar também.

Ainda em 2017, comecei a receber convites para fazer faxinas fora de São Paulo. Nessa ocasião fui ao Rio de Janeiro e aproveitei para conhecer lugares que só havia lido a respeito, como o Real Gabinete Português de Leitura. Foi lindo e emocionante.

Está tudo bem. Não fui VJ da MTV, mas a vida tratou de me aproximar deles e alguns se tornaram bons amigos, como Cazé Peçanha e Sarah Oliveira.

Ao invés de oferecer meu trabalho como faxineira de uma forma triste, optei pelo humor e por enfatizar o meu amor por ele. Memes e trocadilhos sempre foram minha forma favorita de me comunicar nas redes sociais.

Outro momento marcante aconteceu em 2018, quando fui convidada para palestrar no Festival Path.

Sou muito apaixonada por eventos e pelo mundo infantil. Aqui eu estou no Meus Prêmios Nick, em 2018, com meus amigos pessoais Bob Esponja e Patrick Estrela.

A transição de uma humilde faxineira para "a faxineira mais famosa do Brasil" foi se dando de forma muito rápida, e entender que no mesmo dia eu limparia três banheiros e faria uma sessão de fotos foi um processo surpreendente, mas muito prazeroso!

Vencer o medo de viajar para fora do País foi uma das conquistas mais lindas. De fato, fiz minha primeira viagem internacional em 2019, e isso a gente nunca esquece!

Não havia a possibilidade de estar em Turim e não visitar a Catedral do Santo Sudário. Ofereci esta visita para minha querida avó, Guiomar; que ela, onde quer que esteja, sinta orgulho de mim, assim como sinto orgulho do nome que ela escolheu para mim.

Sem dúvida, esse foi o dia em tive a certeza de que uma vida melhor se abriria para mim. Realizar um grande sonho que se tem na vida, muda tudo! Atravessei o oceano para ver um show do Tool, um desejo que eu tinha desde meus 16 anos. Tenho guardadas em mim com muito carinho as memórias desse dia, o que me encoraja a buscar por novas realizações.

Agora muito mais habituada aos palcos, mas ainda nervosa antes de começar, fui convidada a palestrar em Cumbuco, Ceará, para o Encontro Transformadores da Beleza.

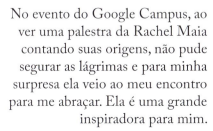

No evento do Google Campus, ao ver uma palestra da Rachel Maia contando suas origens, não pude segurar as lágrimas e para minha surpresa ela veio ao meu encontro para me abraçar. Ela é uma grande inspiradora para mim.

Em fevereiro de 2020, participei de um *reality show* para mostrar os atrativos do destino turístico de Foz do Iguaçu. Eu, que poucas vezes tinha viajado, não escondia o encanto que senti ao viver a novidade de poder conhecer mais o Brasil. Aqui eu estava avistando a fronteira entre Argentina e Paraguai.

Viajei de avião pela primeira vez no dia em que completei 36 anos. Foi uma grande realização e um dos dias mais felizes da minha vida. Apesar de já ter feito algumas viagens, eu ainda me emociono sempre que embarco em um desses.

Só depois de começar a trabalhar como faxineira é que tive a chance de levar meus filhos para passear algumas vezes. Hoje posso conciliar uma escala de trabalho diferente e me organizar financeiramente também. Esse foi o último passeio antes da pandemia, juntos na praia.

que eu estava falando, foi me deixando mais confortável, até que ao final da apresentação eu estava completamente elétrica, feliz e pensando "PRECISO FAZER ISSO DE NOVO!".

Então lá estava eu, cuidando de uma página no Facebook, um perfil no Instagram e um LinkedIn, performando bem em todas as plataformas. Depois de um tempo vieram mais pedidos de palestras e, claro, eu estava fazendo as faxinas.

Estava começando a vivenciar muitas novidades, e no meio disso tudo surgiu a oportunidade de me mudar para um apartamento de verdade! Meu próprio banheiro! Um quarto só para mim! Foi criada uma vaquinha virtual para arrecadar dinheiro para que eu pudesse me mudar e, surpreendentemente, o valor suficiente foi conseguido com certa rapidez.

Mas, enquanto eu esperava o valor ser atingido, as coisas foram piorando. No final de 2017, houve um período de chuvas que faziam com que o teto de madeira do quartinho cedesse aos poucos, e eu sabia que em algum momento ele iria cair. No momento em que isso de fato aconteceu, em janeiro do ano seguinte, eu me vi desesperada mais uma vez. Em algumas ocasiões cheguei a passar a noite na rua com o Panda, e foi algo que me fez pensar no quanto eu estava me esforçando e ainda assim não tinha condições imediatas de alugar um lugar melhor. Mais uma vez me doeu pedir ajuda.

Certa vez, recebi uma ligação da produção de um programa de TV, daqueles bem sensacionalistas, que conta a história de uma pessoa fazendo drama para então oferecer ajuda. Depois da ligação, eles foram até o quartinho na pensão mais de uma vez para confirmar a história, ver se eu realmente morava lá e se tudo que eu tinha contado era verdade.

Pensei se era assim que eu queria que as coisas mudassem para mim e sabia que era questão de tempo até minha vida melhorar, então disse isso ao produtor. Havia tanta gente que não tinha as oportunidades que eu estava tendo e precisava mais de ajuda. De vez em quando passa pela minha cabeça que o tal programa poderia ter me dado uma casa. Eu dou uma risada nervosa e tento esquecer que isso aconteceu um dia.

Quando o valor da vaquinha atingiu o suficiente para arcar com o aluguel do apartamento e os custos da mudança, eu fechei o contrato com a proprietária do imóvel e aí veio a grande surpresa: a pessoa que organizou a arrecadação do dinheiro tinha informado os dados bancários dela para a transação, o que me deixou levemente desesperada. Era véspera do Carnaval de 2018 e de repente eu me deparo com as fotos da pessoa no Instagram: estava na praia com o namorado, muito que bem, com bebida e comida farta. Não precisamos ser gênios para saber de onde saiu a grana daquela pequena viagem.

Não foi a primeira e *infelizmente* não foi a última vez que me passaram para trás, mas me doeu tanto ver uma pessoa usar a minha história, meu drama pessoal, para conseguir dinheiro e usá-lo para algo tão trivial como uma ida à praia no Carnaval.

Recorri ao meu sogro na época para custear o depósito do valor de três meses de aluguel e para trazer as poucas coisas que haviam restado do quartinho sem ser destruídas pelo mofo nas paredes. Foi um empréstimo daqueles que me faziam abaixar o olhar de tanta vergonha a cada vez que o via.

Passei ainda um bom tempo tentando receber o dinheiro da tal vaquinha, o que me rendeu crises de ansiedade terríveis, e lá pelo meio do ano recebi uma parte insignificante em comparação ao valor arrecadado. Entendi e aceitei que não iria receber jamais o restante do dinheiro. Passei muito tempo remoendo essa história e questionando minha facilidade em confiar nas pessoas e, mesmo assim, tempos depois eu consegui a proeza de ser novamente enganada pela mesma pessoa (ai, gente, me perdoem e não desistam de mim).

Quando ela imaginou que já havia caducado a minha raiva pelo que aconteceu, entrou em contato comigo novamente dizendo que estava muito doente e deprimida e por isso não conseguia limpar a própria casa – eu entendo tanto esse sentimento que isso já me fez ficar preocupada. Então veio a proposta: justamente por não estar muito bem, ela não estava trabalhando muito e não conseguiria pagar o valor da faxina, então sugeriu pagar pouco mais da metade do valor. Aceitei, não me pergunte o motivo.

Fiz a faxina enquanto ela trabalhava e foi bem tenso (para ser delicada no adjetivo), pois não sabia se de fato deveria ter aceitado. Feliz com o resultado, ela me perguntou se eu poderia ir uma vez por semana e ao final de quatro semanas pagar tudo de uma vez. De novo, eu aceitei.

Vemos aqui que eu tenho que trabalhar a capacidade de dizer "não".

Acabei trabalhando lá por cerca de seis semanas. A cada semana a casa parecia mais suja, difícil e insuportável. Resolvi desistir e adivinhem só: ela nunca pagou.

Puxa vida, Veronica, como você pôde ser tão besta? Não sei explicar.

Com o tempo fui descobrindo que essa pessoa fazia isso com diversas "amigas", pregando uma falsa cooperação entre as mulheres – aquele papo de empoderamento e sororidade – para encobrir uma porção de golpes.

Dessa vez, eu decidi não me culpar. Cortei todo e qualquer tipo de relação com a pessoa e decidi seguir a minha vida sem pensar nisso. Que esse dinheiro tenha trazido coisas boas a ela.

Passando por cima da minha capacidade de fazer papel de trouxa, eu de repente me vi morando em um apartamento onde a gente podia andar! Foi uma alegria inexplicável!

Aos poucos, os clientes de faxina, amigos e seguidores me ajudaram a mobiliar o apê, e uma nova oportunidade surgiu: uma campanha publicitária para o Dia Internacional da Mulher. Foi um trabalho tão bonito, e de quebra o cachê rendeu uma belíssima cama de casal.

Depois de um ano eu me mudei do apartamento, que era no térreo, para outro em um andar alto no mesmo condomínio, onde moro até hoje. Todos os dias eu olho para as coisas do apê e penso nas pessoas que tornaram esse lugar tão querido e aconchegante.

Tudo isso foi acompanhado meio que em tempo real pelas pessoas na internet, que vibravam a cada nova conquista. Não foi muito diferente de um *reality show*, o que é ao mesmo tempo encantador e assustador.

Ainda que eu tenha buscado cada vez mais saber como cuidar das redes sociais, a real é que eu não sou boa em seguir regras, então faço tudo da forma que acredito ser mais adequada para mim e na maioria das vezes sem nenhum planejamento ou técnica. Ainda decidi acrescentar mais uma rede social: o Twitter. Ficou faltando apenas o YouTube, que demanda mais tempo, dinheiro e dedicação. Estar presente nas redes sociais exige muito e eu sabia que mais cedo ou mais tarde teria que dedicar grande parte do meu tempo para isso – uma mão na vassoura e outra no celular.

8

Renasci com um rodo e uma vassoura

Como desde o momento em que falei na internet sobre o meu trabalho a demanda foi surreal (foram cerca de sessenta faxinas agendadas já no primeiro dia), eu tinha noção de que meus dias a partir dali seriam todos muito agitados e corridos. Assim, minha primeira atitude foi providenciar uma agenda de papel (o que denota a minha idade; eu preciso escrever à mão para lembrar melhor das coisas) e reservar parte do meu dia para responder aos clientes e ainda preparar as postagens para as redes sociais. No início parecia difícil, e fui percebendo que isso era só o começo.

De forma totalmente despretensiosa, descobri um nicho bem interessante: jovens adultos de classe média alta. Em sua maioria, eles moram em apartamentos pequenos ou médios na região central, não têm prática alguma na limpeza da casa e invariavelmente não sabem nem escolher os produtos de limpeza adequados para suas necessidades, o que me trouxe dois grandes benefícios: eram poucas as vezes que tentavam pechinchar o valor do serviço, pois isso não era um problema para eles, e quase sempre eles se impressionavam com o resultado final, pois não tinham o hábito de fazer uma limpeza mais detalhada. Certa vez, três amigos que dividiam um apartamento ficaram maravilhados que eu havia limpado o espelho, pois nunca tinham chegado à conclusão de que ali também era um lugar a ser limpo.

Claro que minha forma de comunicação também me aproximou de pessoas que se identificavam com meus interesses, então não era uma surpresa que, além de clientes, eu estivesse fazendo novos amigos.

Mas sair da zona de conforto, que era atender apenas amigos, para de repente me ver dentro da casa de desconhecidos foi um processo um tanto assustador. Tudo era diferente: no começo não havia conversas e cumplicidade, o que me deixava insegura. Foi bem difícil. Eu me cobro muito um bom resultado independentemente do que faça, e me lembro bem que as primeiras faxinas foram muito demoradas – eu só deixava a casa dos clientes quando me sentia satisfeita, não tinha método para realizar as faxinas de modo ordenado nem entendimento de como as coisas funcionavam e como deixar tudo funcional para o cliente, e foi um aprendizado demorado.

Outra questão com que eu tive que lidar foi o assédio. Chegavam inúmeras mensagens de homens pedindo faxina, mas questionando o tipo de roupa que eu usaria no dia e até perguntando sobre a possibilidade de fazer programa em vez da limpeza. Eu recebia mensagens horríveis todos os dias e adotei a solução óbvia para manter a sanidade: não atendia homens, a não ser que fossem indicados por uma pessoa em quem eu confiasse.

Existe a expressão "indicar uma faxineira de confiança" entre os clientes, mas podem ter certeza de que também prezamos muito por encontrar clientes de confiança.

Inclusive, essa expressão me deixa muito desconfortável, pois implica que, via de regra, as pessoas que fazem limpeza não sejam confiáveis. No caso dos médicos, nós escutamos "Ei, você conhece um bom ortopedista?", pois existem bons e maus profissionais, mas as faxineiras são divididas entre confiáveis ou não.

Não raro, as pessoas acusam suas faxineiras quando não encontram algo dentro de casa. Aconteceu comigo uma situação absurda: a cliente me ligou para perguntar se eu não tinha levado "sem querer" uma maquiagem importada dela. Detalhe: a base era branca, mas tão branca que se eu a usasse pareceria facilmente uma palhaça. Depois ela me manda mensagem pedindo desculpas e dizendo que a maquiagem estava na outra *nécessaire* dela.

Eis que, então, chegou o dia em que fui fazer faxina na casa de um homem – uma amiga o recomendara, mas ainda assim fui com o coração apertado, já planejando meu funeral entre a subida pelo elevador e o toque da campainha, até que abre a porta um simpaticíssimo jovem sorridente. Entro na casa e, conversa vai, conversa vem, descubro que ele é uma *drag queen*! Rimos sobre meus receios, e ele disse que o maior risco que eu corria era sair daquela casa muito bem maquiada.

Nas primeiras faxinas, eu sempre era acompanhada pelos clientes, muitos curiosos pela fama da internet ou por terem me visto na televisão, então boa parte do tempo eu passava conversando com eles sobre a minha história. Isso impactava na faxina, que levava muito mais tempo para ser finalizada, e eu já estava começando a me preocupar – minha vontade era incluir no valor da diária a taxa de entrevista! Então, num belo dia eu cheguei em uma casa, conheci o casal e eles me entregaram as chaves e saíram para trabalhar. Confesso que na hora fiquei perplexa. "Eles vão me deixar aqui sozinha? Só os conheço há três minutos!" Mas naquele dia o trabalho rendeu muito, e eu percebi a grande vantagem em estar sozinha: não tinha conversa, eu colocava uma música bacana e trabalhava tranquila.

Por não saber a reação do cliente ao término do trabalho, pensei que, quando ficasse sozinha na casa, seria legal deixar uma cartinha com informações básicas, como onde tinha encontrado o controle remoto desaparecido, o local onde deixara o montinho de moedas que tinha achado pela casa, alguma piadinha e coisas do tipo. Era uma forma de estar próxima sem estar junto.

Claro que ficar sozinha na casa das pessoas foi me deixando à vontade para colocar em prática o meu mantra de "deixar a casa como se fosse minha", e aí eu passei a limpar "como se estivesse na minha casa" –, e foi assim que, um belo dia, a cliente entrou sem que eu ouvisse enquanto estava no banheiro lavando os azulejos e cantando "Livin' on a prayer" do Bon Jovi tão alto que a reação dela, além de rir, foi me acompanhar no refrão:

Woah, we're halfway there
Woah, livin' on a prayer!
Take my hand, we'll make it I swear
Woah, livin' on a prayer!

Não demorou para eu perceber que não daria mais para passar 7, 8 ou às vezes até 9 horas limpando a casa dos outros todo dia. Eu não estava sendo eficiente, apesar de me divertir muito. Fui entendendo aos poucos que precisava definir vários detalhes importantes: delimitar uma região de atendimento (cheguei a aceitar faxina em outros municípios e uma vez levei 3 horas e 40 minutos para chegar na casa da cliente, onde só queria chorar e dormir no sofá sujo dela), criar métodos que me garantissem um trabalho produtivo e de qualidade, entender os custos do meu trabalho, investir na minha saúde e aprender um mínimo de administração e questões de direitos trabalhistas e do consumidor para não deixar tudo embolar. Porque, adivinha? Embolou.

De repente eu era meu próprio RH e tinha que cuidar do meu salário, vale-transporte, vale-refeição e tudo mais. Eu não conseguia fazer um planejamento financeiro, pois estava ainda no modo "Kardashian da Zona Leste". Eu sabia que ganhava "x" por dia, mas nunca lembrava que para isso eu gastava "$3x$" com transporte, alimentação, imprevistos etc. Além disso, as contas fixas, com o tempo, se tornaram completamente diferentes: antes eu gastava 600 reais ao mês com aluguel, água e luz, depois passei a pagar aluguel, condomínio, água, luz, gás, internet, TV por assinatura, compras no supermercado, e por aí vai. Então aconteceu o óbvio: eu fiquei toda enrolada com dinheiro mais uma vez.

Fora tudo isso, eu me cobrava tanto por fazer bem o meu trabalho que acabava me excedendo muitas vezes, e não demorou para chegar a conta: devido ao esforço físico excessivo, tive uma hérnia abdominal na região do corte da cirurgia bariátrica que tinha feito anteriormente. Ao erguer as camas e os sofás dos clientes para fazer a limpeza por baixo, o tecido na região da cicatriz se rompeu e precisei de uma nova cirurgia. Então a trabalhadora autônoma percebe que duas semanas de repouso para recuperação significa um grande problema com aquela força que move o universo – os boletos – e aprende da forma errada que é necessário se profissionalizar.

Fiz diversos cursos para aprender como me resguardar nessas situações e aproveitei para dividir essas informações com o meu público na internet. Com o passar do tempo, me vi sendo chamada de uma palavra que eu nem sabia o que era: empreendedora.

E as faxinas? Foram ficando mais rápidas; eu aprendi a me planejar para executar minhas tarefas em menos tempo, e uma das ideias que tive foi criar *playlists* musicais com o tempo aproximado que eu deveria gastar naquela tarefa, ou ouvir um disco que durasse esse tempo. Exemplo: "Dookie", do Green Day, tem 39 minutos, o tempo ideal para lavar a louça.

Ah, a louça. Um dos dilemas entre clientes e faxineiras. Eu decidi que trabalharia por um período de 6 horas e, dentro desse período, realizava uma gama de atividades, incluindo lavar a louça. Agora, se eu acho que é uma atribuição da faxineira... não, não acho. Mas se o cliente deseja que eu gaste meu tempo lavando a louça em vez de realizar algo mais complexo, tudo bem. Escolhas.

Então, olha só: eu tinha horário de entrada e saída, atividades definidas e, dentro do valor da diária, já incluía transporte, alimentação e um valor que seria revertido para duas coisas que não temos e são o motivo de estarmos dando voltas e voltas: saúde e educação.

Investi em equipamentos de proteção individual, como luvas apropriadas e sapato antiderrapante, e mandei estampar camisetas para usar no trabalho – bem ao meu estilo, nada de uniforme de empregada! A única serventia de uma roupa exclusiva para trabalhar é me dar ao luxo de não me preocupar com sujeira, manchas ou coisas do tipo. Fiz também aventais com bolso e o logo do Faxina Boa e, para minha surpresa, pessoas começaram a querer comprar! Com o tempo sugeriram que eu também fizesse xícaras, e lá fui eu para mais um negócio!

Nem tudo eram flores, porém. Cada vez que o Faxina Boa ficava mais evidente na internet e na mídia, eu tinha mais clientes, mais trabalho, mais dinheiro e... mais *haters*. O *hater* de internet é aquela pessoa que gasta energia e tempo para destilar coisas ruins. Então eu lidava com comentários maldosos sobre "gourmetizar" a faxina, querer aparecer mais do que efetivamente trabalhar ou ainda que estava fingindo ter depressão para chamar a atenção das pessoas, entre outros absurdos. A regra de ouro quando isso acontece é *não* ler os comentários, mas vocês sabem que eu não sou muito de obedecer regras, então lia tudo o que falavam sobre mim e muitas vezes me sentia triste. Por sorte eram poucas as pessoas más, então eu tentava focar nas pessoas e comentários legais. Mas quando essas situações saíram do ambiente virtual e se tornaram reais, as coisas começaram a complicar.

Fui chamada para fazer uma faxina em uma casa na periferia da Zona Leste de São Paulo e resolvi atender por ser uma indicação de uma pessoa conhecida, embora tudo fugisse ao habitual. Era uma casa grande, com quintal, garagem, dois andares e um sótão, cuja dona já era idosa e vivia com mais familiares. Eis que essa mulher simplesmente passou o dia dizendo coisas desagradáveis e destilando um ódio genuíno por quem eu era e tudo o que estava fazendo com o Faxina Boa. Comecei a limpeza e, em determinado momento, percebi que ela estava assistindo no computador uma reportagem que mostrava a minha história, a minha casa e meus filhos, então ela começou a me seguir pelos cômodos para observar meu trabalho – até que veio o primeiro comentário sobre como ela gostava demais daquela casa (de fato, muito grande, bonita e bem cuidada) e que era muito feliz por ter um lugar daquele tamanho. Continuei meu trabalho e segui para a cozinha, onde parei para comer um lanche que eu havia levado. Então fui repreendida: "Ah, não, você para o serviço para comer?

Vai demorar demais!". Eu não soube o que responder, pois era surreal que, depois de mais de 4 horas de trabalho pesado, ela não entendesse que eu sentiria fome. Depois começou a falar sobre as faxineiras que costumava contratar, duas irmãs que faziam o serviço mais rápido que eu, mas desta vez revidei dizendo ser bem óbvio que duas pessoas trabalhassem mais rápido que uma só.

Já estava cansada e assustada, e ainda faltava limpar uma escada e o quintal. É aí que ela pede (manda?) que eu limpe o rodapé da escada com as mãos, ajoelhada no chão, e volta a dizer que a casa era maravilhosa e que ela não imaginava como deveria ser ruim não ter uma casa para morar. Termino a escada e vou ao banheiro, então começo a chorar, até que ela bate à porta dizendo que estou demorando demais. Estava começando a chover e ela queria os vidros da porta do quintal limpos, então peguei uma mangueira e lavei o quintal e os vidros *debaixo de chuva* – ainda chorando.

Nunca vou entender o que movia a raiva daquela mulher: se era por mim, se era pelo que eu representava com o meu trabalho e a minha vontade de vencer, se era pura e simplesmente a vontade dela de se sentir superior a alguém que estava prestando um serviço. Saí tão abalada daquela casa que peguei um Uber e fui chorando para casa, onde minha filha pediu para que eu nunca mais deixasse que me tratassem dessa forma. Eu mesma pensei no motivo de não ter ido embora, e a resposta era: e se ela dissesse algo na internet? O tribunal da internet é cruel, e, entre uma cliente e uma faxineira, provavelmente as pessoas dariam mais credibilidade a ela. Enquanto eu conversava com minha filha e olhava para o meu quartinho, nasceu uma vontade que eu nunca tive antes: ter uma casa própria, onde ninguém seria maltratado.

Houve outra ocasião desagradável, e depois de um tempo

eu tive uma ideia do que poderia ter motivado as atitudes da cliente – não que isso justifique o que ela fez. Fui chamada para limpar um *flat* em um bairro nobre da Zona Sul, e a cliente me surpreendeu ao final do serviço com uma cobrança inusitada: o trabalho havia sido bem-feito, mas fui questionada por não ter lavado e estendido os panos de chão (não havia área de serviço, nem espaço para estendê-los). Eu também havia aberto a embalagem de uma esponja de limpeza nova, sendo que havia outra que poderia ter sido usada (que eu vi apenas depois de ter aberto a nova). Por esses motivos, eu deveria ressarci-la para que ela pudesse pagar alguém para lavar os panos e repor a esponja: o valor pedido foi de cinquenta reais. Sim, panos de chão e uma esponja, que não valiam cinquenta reais. Mas o detalhe mais chocante foi que ela gritava muito: que eu não sabia fazer as coisas, que eu não respeitava as coisas dela, que eu era péssima profissional. Até então eu não havia lidado com nenhuma crítica, nem ao meu desempenho nem à minha pessoa, e aquilo me desestabilizou. Devolvi o valor que ela pediu e cancelei a agenda dos dias seguintes, pensando nas coisas que ela tinha gritado.

Seria eu então uma farsa? Os outros clientes não tinham entendido que eu era ruim?

Ela conseguiu me fazer duvidar de tudo que eu havia conquistado até ali, e eu passei os dias seguintes me sentindo horrível.

Na semana seguinte, vejo em um grupo de internet uma mensagem dessa cliente dizendo que estava desesperada e pedindo abrigo, pois seu marido havia pedido o divórcio e ela precisava deixar o *flat* urgentemente. Talvez ela não fizesse ideia de que eu estava ali lendo tudo aquilo, mas naquela hora entendi que ela tinha me usado pra descontar a frustração pelo que estava vivendo.

Então vejam que, mesmo com todo o alcance que eu tinha na internet, as pessoas se sentiam à vontade para me tratar mal – imaginem pelo que passa alguém que não tem como expor ou denunciar o que lhe acontece...

Costumo chamar de microagressões todas essas situações. Além dessas situações extremas, há muitas outras microagressões recorrentes: receber "elogios" como "Você nem tem cara de faxineira" ou "Até que você é bonita para fazer faxina", ou trabalhar na casa de uma pessoa que fica observando para ver se não vou roubar as coisas dela. Nessa mesma linha, há clientes que "escondem" coisas de valor em lugares estranhos ou as deixam bem expostas para testar a minha honestidade. Ou ainda uma situação que eu demorei para entender: quando clientes pediam para eu "dar um toque" no celular deles, dizendo que retornariam a chamada em seguida. Eu achava estranho até que um dia (sou muito lerda!) entendi que eles achavam que eu não tinha condições de fazer ligações do meu próprio telefone.

Ahhh... o telefone.

Eu disse antes que tinha vendido meu celular para pagar contas e um amigo havia me dado um celular que sua filha não usava mais, certo? Como eu estava usando um celular antigo, assim que guardei uma grana considerável investi em um bom celular para poder fazer meus *posts* e ter uma boa autonomia de bateria. O modelo era um lançamento e consideravelmente caro, o que causava espanto nos clientes e gerava comentários do tipo: "Como você consegue ter esse celular?" ou "Você não acha que isso é bom demais para você?". Eu não conseguia esconder o espanto e até senti um começo de culpa; não sabia mais se era certo ou não ter boas coisas depois de tanto sofrimento na vida. Precisei de muito tempo (e terapia) para deixar esse sentimento para trás.

A raiva que eu sentia desses comentários crescia em mim, assim como a vontade de não ceder a esses preconceitos. E sempre que posso me dou a oportunidade de possuir e viver coisas boas – sem muita obsessão, pois também não quero que essas coisas me possuam. São apenas coisas e não deviam ter essa importância que as pessoas às vezes atribuem a elas.

Então o apelido "faxineira de iPhone" não só não me incomodava mais como me incentivava. Já dizia o Rage Against The Machine: "Anger is a gift" (A raiva é uma dádiva).

Penso que às vezes a força do ódio pode ser o segredo do sucesso na limpeza eficaz e na superação de dificuldades da vida. Tanta coisa divertida e maluca já me aconteceu! Quer dizer: só é engraçado porque sobrevivi, na hora é só desesperador.

Eu não sabia o quanto era possível sofrer acidentes fazendo faxina. No *call center*, a gente segue uma norma regulamentadora e eu sabia, por exemplo, que deveria me sentar em uma cadeira adequada, ter apoio para os pés, manter o fone limpo e o volume adequado. E na faxina? Bom, no dia em que saí deslizando pelo piso da cliente tal qual Tom Cruise em *Negócio arriscado* e poderia ter caído e quebrado uma perna, percebi a necessidade de um calçado antiderrapante; quando perdi as digitais, corroídas por produtos químicos, lembrei que deveria usar luvas; quando manchei com água sanitária *todas* as minhas roupas, fiz um uniforme de trabalho; e, quando os acidentes foram ficando mais graves, fiz um seguro de vida e comecei a pensar que devia existir uma força superior que protegia as faxineiras desse mundo. Já levei muitos choques (o pior deles em um banheiro depois de molhar os azulejos no alto próximo à fiação do chuveiro elétrico), bati a cabeça em muitos móveis (só desmaiei uma vez) e nos meus piores dias – pois esses aí foram os bons – eu quase caí do alto de um prédio limpando os vidros da sacada por fora ao sentir um mal súbito. Em outra ocasião, tive uma queimadura das vias aéreas após inalar um gás gerado pela mistura de dois produtos de limpeza diferentes. Esse acidente me fez perder parte da capacidade pulmonar, e ainda hoje respiro com um pouco de dificuldade.

Mas, calma, tem o lado bom também! Uma coisa que me divertia nesse trabalho era a possibilidade de conhecer mais da cidade. Eu amo São Paulo e estava cada vez mais me sentindo parte dela. Ao conhecer edifícios históricos, notava que a arquitetura era muito diferente e depois ia buscar mais informações. Assim fui descobrindo mais sobre a cidade. Tinha a chance de retornar pelo menos uma vez por semana ao bairro onde cresci e muitas vezes passeava por lugares importantes na minha vida e até mesmo reencontrava pessoas que me viram criança e me reconheceram depois de tantas décadas.

Na minha página do Facebook, criei diversos editoriais (obviamente não sabia que isso tinha esse nome até então), e uma coisa de que as pessoas gostavam muito era o álbum de fotos de *selfies* com os clientes, que me garantia credibilidade, pois eu estava trabalhando na casa de pessoas conhecidas pelo público. Isso também gerava curiosidade dos seguidores sobre como era entrar na casa de pessoas de quem até então eu era fã, assim como curiosidade sobre como era a casa dessas pessoas – sinto decepcionar, mas sempre bem normal e suja até eu chegar. Esse álbum de fotos foi o responsável por momentos hilários, pois às vezes eu tinha tanto a fazer na casa que depois ia embora rápido e esquecia da foto, e a pessoa se sentia frustrada por eu não ter tirado uma foto com ela. Uma vez, quando pedi para fazer a foto, já na hora de ir embora, ouvi: "Ufa, que susto! Estava achando que não era digna de entrar na sua galeria de fotos".

Que loucura!

Já me chamaram para fazer faxina e, quando cheguei, não tinha nada para fazer. Literalmente. Penso até hoje se a pessoa me chamou para me ajudar financeiramente ou se era apenas um anjo disfarçado vivendo entre nós. E mais de uma vez já me chamaram (e pagaram) para conversar. Eu achava muito estranho e me questionava se existe algo como exercício ilegal da psicologia. Muitas pessoas tinham medo de conversar sobre suas inquietações, depressão ou internação psiquiátrica e vinham me pedir ajuda. Eu não me sinto apta a ajudar nesse sentido, mas contava a minha experiência e pedia à pessoa que pensasse sobre o que ela poderia fazer para se sentir melhor, sempre buscando ajuda especializada e pensando nela em primeiro lugar, pois a opinião alheia iria existir independentemente do que fizesse.

Os clientes sabem que eu gosto de duas coisas: falar e comer, então muitas vezes preparavam coisas legais para mim. Alguns faziam comidas regionais do estado de onde vieram, enquanto as pessoas que não estariam comigo durante o período da faxina até chegaram a enviar *delivery*. Quem acompanha meus textos sabe que a minha bebida favorita é chá-mate, então em algumas ocasiões deixavam um chazinho para mim. Uma vez postei algo sobre pizza ser minha comida favorita, então ganhei tanta pizza que cheguei a enjoar por um tempo. Esse tipo de carinho e valorização me fazia ter a certeza de que estava no caminho certo, trabalhando para as pessoas certas.

Abro um parêntese aqui para comentar que, apesar de se sentirem muito únicas, as pessoas que eu costumo atender buscam suas referências nos mesmos lugares, então as casas em que trabalho são quase idênticas – lindas, sim, mas essa semelhança é um tanto assustadora. Cheguei uma vez a mandar mensagem para a cliente errada, pois as duas tinham exatamente *a mesma sala*, com a diferença de um quadro ao lado da televisão – de resto, o tapete, o sofá, a mesa e as cadeiras e até o quadro grande também eram todos parecidos, então eu meio que não sabia na casa de quem eu estava!

Enquanto eu observava a cidade, as tendências de comportamento dos clientes, as pequenas mudanças que eu causava com meus textos na internet e a quantidade de trabalho me tiraram o foco da doença. Eu não me sentia mais deprimida, e isso mostra o quanto que fazemos para ganhar a vida reflete na forma como nossa cabeça lida com as coisas. Afinal, tem gente que ganha bem e está com os miolos prejudicados, não é?

Eu revirei as memórias para escolher o que escrever neste capítulo sobre as faxinas que já fiz. Dei boas risadas, chorei e lembrei de coisas que já tinham ido para o fundo do cérebro, mas algumas histórias eu não só não consigo esquecer como também mereceram ficar para o final.

Um amigo me chamou para faxinar uma casa – sempre que é casa em vez de apartamento, já é um indicativo de que lá vem história complicada – e lá ele utilizava um cômodo para atender clientes de terapias corporais. Nessa casa também morava um senhor de idade – tipo, muita idade mesmo. Idade pra caramba. Esse senhor tinha mobilidade reduzida e um hábito que lhe garantia conforto e me garantiu um dos maiores desconfortos já vividos: ele urinava em garrafões plásticos que guardava debaixo da cama e pediu que eu os esvaziasse para que ele pudesse reutilizar. Eram vários, talvez quatro ou cinco – não pude contar, pois estava com a visão turva de tantas lágrimas. Foi o cheiro mais desagradável que já senti na minha vida, e, enquanto esvaziava as garrafas, comecei a murmurar que nunca mais ia trabalhar de novo, que eu só queria ver o dia em que aquilo ia passar e minha vida mudar para melhor, e que o Universo devia estar de brincadeira com a minha cara, pois aquilo tinha ultrapassado todos os limites. Lavei todos os garrafões, os deixei de molho em desinfetante para tirar aquele cheiro horrível e vomitei um pouco, mas estou viva, obrigada pela preocupação.

Tempos depois eu já tinha me esquecido desse cliente e dessa situação, mas dizem que recordar é viver e eu revivi aquele dia no apartamento de um homem que não gostava de retirar o lixo de casa. Ele deixava essa tarefa para a faxineira e, para não conviver com o cheiro do lixo acumulado, o "bonito" às vezes deixava o saco aberto na sacada, com os restos de comida e tudo o mais. Bom, não precisa ser esperto para saber que isso atrai moscas e... preparem-se para a aula: uma mosca vive cerca de 22 dias e nesse período coloca cerca de 2 mil ovos. A sacada do apartamento estava repleta de larvas de mosca saindo pelo saco de lixo. Chorei? Muito. Limpei? Sim.

Nesse dia decidi demitir um cliente.

Tudo que eu já vivi nem se compara ao dia em que o cliente colou meu dedão do pé com supercola. Não, você não leu errado.

Trabalhei o dia todo, jantei com o cliente e tivemos conversas ótimas. Já estava quase indo embora quando, desavisada, passei muito próxima a um dos cachorros dele, que estava brincando com uma caixa de papelão. Por algum motivo o cachorro se sentiu ameaçado, talvez achando que eu iria pegar a caixa. Ele me atacou e mordeu meu pé – eu estava de chinelo. Eu nunca tinha sido mordida por um cachorro e estava chorando (em parte pela dor e em parte pelo sangue no chão que eu tinha acabado de limpar).

O cliente limpou meu pé com álcool enquanto eu mantinha os olhos fechados, pois não queria ver o tamanho do estrago. Quando abri os olhos, o choque foi tão grande que até parei de chorar e gritei "TÁ COLANDO MEU PÉ?".

Ele disse que já tinha visto em algum lugar e que dava certo, sim, eu podia confiar – formado em Medicina na universidade do seriado *Plantão médico*!

Ao mesmo tempo eu ria, chorava e pensava que ao menos os cachorros dele não deviam ter doença nenhuma, visto que pessoas ricas cuidam dos bichos muito melhor do que eu cuido dos meus filhos. Cachorro de rico fica em hotelzinho e eu nunca tinha ido a um hotel na vida, então fiquei tranquila quanto a isso. Ele chamou um Uber para eu voltar para casa, e nunca tive nenhum tipo de reação. O cachorro está bem e só fiquei com uma pequena cicatriz no dedão direito.

Se um dia disserem que trabalhar com faxina é simples, não acredite.

9

Pessoas invisíveis

Se analisarmos bem, todo trabalhador está em um relacionamento abusivo com a CLT: ruim com ela, pior sem ela. Eu tinha em mente que, por menor que fosse, a mixaria que caía na conta todo dia 30 me tornava um ser humano mais tranquilo. E os benefícios que recebia me davam até a impressão de ter uma certa dignidade: tenho uma saudade real da sensação gostosa de perguntar "aceita VR?" em um estabelecimento comercial.

Então nunca me imaginei trabalhando por conta própria, tendo que lidar com incertezas, sem saber quanto ganharia por mês ou quando entraria dinheiro, até que de repente essa passou a ser minha realidade. A forma de aprender a lidar com ela foi a milenar técnica do tentativa e erro, mas nesse caso era "erro e erro" mesmo, pois nem tentativa tinha: eu já ia direto para a segunda parte.

Aos poucos fui descobrindo que era meu próprio departamento de RH, então tinha que alocar meu dinheiro da melhor forma possível – e ai de mim se meu vale-transporte ou meu vale-refeição acabasse antes do fim do mês. Por incrível que pareça, eu não conseguia entender nem mesmo quanto ganhava de verdade, pois na minha cabeça estava me tornando a Oprah Winfrey da Zona Leste: rica por receber 150 reais a cada faxina, que eu multiplicava por seis dias na semana para determinar meu salário (uma herança que ficou do *call center* – eu seguia com a mesma rotina, trabalhando na mesma escala, porque a gente se habitua e ponto, não tinha entendido ainda que as coisas funcionavam de uma forma diferente, e o mesmo valia para os ganhos e a forma de organizá-los). Achava que todos os problemas da minha vida estavam resolvidos, então não entendia como vez ou outra me pegava sem dinheiro para coisas do cotidiano, sinal claro de que alguma coisa estava muito errada.

Certa vez, decidi desabafar sobre isso com um professor de matemática. Disse a ele que, por mais que eu gastasse meu dinheiro com roupa e comida, estava sempre com fome e usando a mesma blusa. Ele riu e pegou um caderno e uma caneta, e eu já comecei a suar frio. Então ele me ensinou a fazer uma planilha de fluxo de caixa, e a cada item que eu preenchia fui entendendo onde estava meu erro. Foi bem doloroso descobrir que não, infelizmente eu não ganhava 150 reais ao dia, mas bem menos...

Por sorte, ao longo da vida, as pessoas que cruzaram meu caminho não se negaram a dividir comigo seus conhecimentos e assim eu fui me desenvolvendo, me capacitando e construindo uma mudança de verdade. É sempre uma via de mão dupla: não basta a pessoa querer ajudar, você tem que estar pronto para receber a ajuda. Nem sempre essas duas coisas aconteceram ao mesmo tempo, mas no final tudo acabou bem.

Quando percebi o crescimento do Faxina Boa como negócio, marca e conteúdo de valor nas redes sociais, eu quis abraçar o mundo: comecei a aprender um pouco de tudo para estar preparada para o que viesse pela frente. Então lá fui eu estudar finanças, direito, *marketing* e mídias sociais. Na realidade, eu absorvo as ideias, mas nem sempre as coloco em prática, pois acho que fazendo do meu jeitinho bagunçado as coisas vão fluindo também. Porém, aprender nunca é demais. Eu amo estudar e, como não concluí o curso de *marketing* na faculdade, sempre que posso faço algum curso livre na área.

Ao frequentar esses cursos, sempre que tínhamos que fazer alguma apresentação eu me sentia um tanto inadequada e deslocada. Era uma sensação bem estranha, pois eu não tinha experiência na área ou um currículo para apresentar, então começava com: "Meu nome é Veronica e eu trabalho fazendo faxina...". Para a minha surpresa, alguém sempre dizia que já tinha visto meu conteúdo na internet e que eu fazia de forma intuitiva aquilo que eles eram pagos pra fazer!

Uma questão com a qual eu tenho que lidar frequentemente é a sensação de que não sou boa naquilo que faço – a tal síndrome da impostora –, e por muito tempo uma estranha culpa me acompanhava, não importava o que eu estivesse fazendo: fosse durante uma faxina em que pensava "Como você pode se chamar de Faxina Boa e não consegue um resultado melhor?", fosse escrevendo um texto que eu refazia diversas vezes, fosse na falta de coragem de produzir conteúdo em vídeo, porque via milhares de impedimentos para isso, ou por me achar atrapalhada em cima do palco. Eu costumava esperar pela validação de alguém para acreditar que o meu trabalho de fato tinha algum valor.

Foi um processo longo até aprender a reconhecer que as coisas não caíram simplesmente no meu colo e que eu batalhei por cada uma das minhas conquistas. Mas tem gente que tem o prazer de tornar esse processo ainda mais difícil.

Lembro-me de ouvir a pergunta "Você não tem vergonha do seu trabalho?" um número considerável de vezes. Eu já pensei sobre diversas profissões que são carregadas de estigmas e preconceitos, mas nunca me imaginei chegando a um desses profissionais para perguntar se tem vergonha do que faz, ainda mais se a pessoa está executando um serviço que literalmente salva nossas vidas.

Se você sofrer um acidente, ficar impossibilitado de se mexer e precisar de ajuda para tomar banho e fazer suas necessidades, uma enfermeira vai se encarregar desse trabalho; se você fizer depilação a laser, uma profissional vai aplicar o procedimento na sua virilha; se a tubulação de esgoto da sua casa entupir, alguém vai literalmente mexer na merda toda para você. Essas pessoas são capacitadas para isso – é algo que você não faria sozinho e sei lá por qual motivo alguém se acha no direito de questionar essa prestação de serviço de uma maneira tão preconceituosa.

Ou você acha que o mundo funcionaria sem o trabalho de um varredor de rua, um zelador de imóveis, um motorista de transporte público? "Ah, mas qualquer um faz isso", você pode pensar. Humm, vejamos. Talvez você até seja capacitado para dirigir, mas consegue atender o público? Dar informações? Suportar os dias quentes e o barulho do motor? Ser responsável pelas dezenas de vidas que estão sendo transportadas? Não é qualquer um que pode ser motorista de ônibus. E esse cara é tão especialista quanto qualquer outro profissional, mas o olham de forma inferior porque seu trabalho não exige um diploma.

Ah, o bendito diploma.

Tantos péssimos profissionais por aí possuem aquele canudo bonito e nem ao menos conseguem representar sua categoria profissional e ainda se acham no direito de menosprezar os outros. A valorização do trabalho não é só pra quem estudou, sabe por quê? Profissões não definem pessoas, e você está longe de ser o seu crachá.

A figura da mulher que faz a limpeza (levemos em consideração que 92% das pessoas que fazem serviço doméstico no Brasil são mulheres) é o estereótipo da pessoa humilde com pouca instrução. Não se fala muito sobre peculiaridades dessas profissionais, então qualquer coisa que fuja a essa caixinha que criaram para nós já mexe com a percepção das pessoas.

Quem limpa é invisível. Os uniformes são largos e de cores como azul-marinho, cinza e marrom, para que não chame a atenção de ninguém, e o símbolo máximo de como não precisamos de identidade é a nomenclatura de "tia da limpeza", que não precisa ter nome, rosto, opinião, nada. Muitos dos relatos que acompanho pela internet citam a dor de não ser dignas de receber um cumprimento. As pessoas simplesmente não respondem ao nosso "oi". Partindo desse princípio, tudo que vem depois é só a continuação de uma dor que não passa: a baixa remuneração, o desrespeito, o assédio, as desconfianças, o deboche.

O que eu faço não é simplesmente limpar uma casa. Eu faço com que a sua chegada depois de um dia de trabalho seja mais agradável, que você tenha mais tempo para se dedicar a sua família e carreira, que aquela reunião entre amigos seja mais gostosa e que aquele encontro com o/a *crush* seja perfeito, já que a casa estará impecável.

Eu ajudo você, seus filhos, seus *pets* e suas plantas a ter uma vida mais saudável, eu me importo com detalhes que talvez você deixe passar batido e ainda contribuo para que seus pertences durem mais tempo; eu separo o seu lixo para reciclagem, eu prezo pela economia dos seus produtos e recursos, eu me preocupo com seu bem-estar e até fico pensando em como você curtiu aquele ambiente gostoso depois de uma faxina bem-feita.

É muito mais do que limpeza.

Apenas em 2013 as trabalhadoras domésticas brasileiras passaram a ter direitos trabalhistas garantidos por lei, o que mostra como, até pouquíssimo tempo atrás, nosso trabalho nem era encarado como trabalho de verdade. Quem nunca ouviu a pergunta "Mas você só fica em casa ou faz alguma coisa?" quando uma mulher diz que não trabalha fora? Existe uma ideia de que ficar em casa é não fazer nada, pois trabalho doméstico nem é trabalho.

Então ainda é motivo de muita briga quando uma faxineira exige seus direitos e se impõe, ou quando simplesmente foge ao padrão estipulado pela sociedade. Até outros prestadores de serviço acabam reproduzindo preconceitos. Certa vez, cheguei para trabalhar no condomínio onde mora uma amiga e fui recebida pelo porteiro de forma diferente do usual: ele disse que me conhecia e achava muito legal o que eu fazia, então, como eu era a "moça da televisão", entraria pelo portão social. Me senti incomodada, pois logo em seguida entrou uma babá pelo portão de serviço, e não gostei nem um pouco do tratamento diferenciado. Na hora, não disse nada e só fiz meu trabalho.

Tempos depois, voltei ao mesmo prédio e fui novamente recebida pelo mesmo porteiro. Dessa vez, ele comentou que eu era "muito abusada" por chegar tão tarde para trabalhar, pois as faxineiras chegavam cedinho e já eram duas da tarde, além de reparar que eu havia chegado de carro e estava com uma sacola de uma padaria do bairro, que era cara (porque qualquer coisa naquele bairro era cara). Aí eu não pude desperdiçar a chance de responder: expliquei a ele que o meu horário de trabalho era acordado entre mim e a cliente, que trabalhar à tarde me ajudava a sair no horário adequado para seguir direto para a faculdade, e que comer na padaria do bairro era um direito de qualquer pessoa, inclusive dele. O homem alegou que era "coisa de patrão". É só uma padaria, como puderam fazer com que ele não se sentisse digno de entrar ali e comprar um salgado? Então eu disse qual era o meu salgado favorito de lá e que, da próxima vez que fosse faxinar a casa da minha amiga, queria saber o que ele tinha achado da comida.

A princípio fiquei brava com ele por fazer esse tipo de julgamento, mas depois me lembrei de que ele tinha sido condicionado a pensar dessa forma e não era culpa dele. Ah, depois ele disse que o salgado era bom, mas tinha um doce de que gostou mais – e que no bairro dele na periferia o sonho custava menos da metade do valor!

E por falar na abertura do portão social, essa aberração arquitetônica que tanto me incomoda ainda é muito presente, e eu não consigo entender a necessidade exceto para carregar mudança, cargas ou coisas do tipo. Eu já estava habituada com isso desde criança, pois quando ia visitar a minha avó era por lá que eu entrava, mas com o tempo as construções foram se aprimorando na arte da exclusão: nos novos empreendimentos imobiliários geralmente a entrada de serviço é ao lado da garagem, de modo que nem passamos perto do portão social ou temos qualquer contato com os moradores no percurso. O elevador de serviço é aquele que não tem espelho, na maioria das vezes, e geralmente está coberto com uma capa para não arranhar as paredes e no qual se carrega o lixo. Perdi as contas de quantas vezes já peguei elevador com o lixo: deve ser para a gente não esquecer quem de fato mora ali e que os prestadores de serviço e o saco preto são a mesma coisa.

Nada justifica as atitudes de quem acha que somos inferiores em razão do tipo de trabalho que exercemos, e quando penso em uma pessoa que trabalha no banco, numa agência de publicidade, na redação de um jornal ou num escritório de advocacia, me pergunto o que faz essas pessoas se esquecerem de que também são prestadoras de serviço? E muito provavelmente contratadas como PJ, pois empregados CLT estão em extinção. Então, na minha cabeça, não faz o menor sentido alguém se achar superior àquele que está fazendo um trabalho de que todos precisamos.

Se você ainda pensa assim, deixo como "lição de casa" imaginar a sua vida sem a prestação de serviços dos porteiros, cabeleireiros, faxineiras, motoristas de aplicativo e entregadores de *delivery*, motoboys, operadores de caixa e manicures, só para dar uma ideia.

O valor do nosso trabalho, para além do que ele significa, é a quantia efetivamente cobrada pela prestação do serviço. Aqui em São Paulo, por exemplo, temos pessoas que cobram de 60 a 200 reais por uma faxina. Geralmente quem oferece o serviço por valores muito baixos são pessoas que estão fazendo "bicos" (trabalhos esporádicos fora de sua área de atuação) ou estão passando por grandes necessidades financeiras. Os valores baixos fazem com que a profissão seja desvalorizada, e então ouvimos coisas como: "Mas eu já vi gente fazendo por 50 reais!". Nesses casos eu respondo que a pessoa não pense duas vezes em contratar o serviço de quem está fazendo mais barato, pois eu não penso em mudar o meu valor.

Percebemos também o valor que as pessoas dão à faxina quando os clientes pedem desconto ou alegam que é caro demais. Essas mesmas pessoas muito provavelmente não barganharam a compra do imóvel, dos objetos de decoração e muito menos pedem desconto no bar no qual elas chegam a gastar em um fim de semana muito mais que o valor de uma diária de faxina.

Atendi uma pessoa que estava inaugurando um imóvel recém-comprado, um lindo apartamento numa região caríssima da cidade. Ela havia me pedido um descontinho, sabe? Coisa pouca.

Durante o dia apareceu uma pessoa que trabalhou no projeto de arquitetura do imóvel para saber se estava tudo a contento, e, conversa vai conversa vem, fico sabendo que todo o projeto custou meio milhão de reais – talvez por isso ela não tivesse cento e poucos para limpar a casinha nova, vai saber...

Se você um dia tiver que negociar valores com alguém, tente fazer isso só com grandes corporações. Entenda que trinta, cinquenta, cem reais para alguém que não tem renda fixa significa uma conta de gás, uma ida ao mercado ou uma pizza naquela sexta-feira chuvosa que faz com que a gente se sinta feliz e recompensado, mesmo tendo uma vida dura.

10

Luzes, câmeras, seguidores – o lado bom de ser faxineira que ninguém imagina

Conferindo o e-mail do Faxina Boa, um dia me deparo com um convite inusitado: fazer parte de uma campanha do Facebook Brasil chamada "Ela Faz História", o programa oficial da plataforma para mulheres empreendedoras. Faríamos um vídeo no qual nos apresentaríamos umas às outras, e entre essas mulheres incríveis estavam Taís Araújo e Camila Pitanga, além de outras participantes que admiro demais, como Flávia Durante e Ana Fontes. Eu fiquei chocada. Nunca saí na *Forbes*, não sou embaixadora da ONU e não conseguia entender por que estaria ali. Então a minha reação foi a mais óbvia e previsível: comecei a chorar. Cheguei a pensar que eles haviam me convidado por engano. Naquela época eu sentia que não merecia fazer parte de algo assim.

Mas não pude recusar o convite, é claro. Quando o vídeo foi lançado e eu vi a felicidade das pessoas que me acompanhavam, consegui entender o quanto ocupar esses espaços era importante. A gente espera ver uma personalidade que aparece na *Forbes* ou um nome da ONU em campanhas de empreendedorismo, mas ter uma faxineira posando ao lado dessas mulheres incríveis era a grande sacada da campanha e tinha um impacto que não percebi no começo. Passei a mostrar esse vídeo nas minhas palestras, e a reação do público é sempre emocionada – acho que, por estar vivendo tudo aquilo e não ter essa perspectiva de quem está de fora, eu não entendia essa importância.

À medida que os convites para palestras de empreendedorismo foram aumentando, vi que eu precisava saber falar mais tecnicamente sobre o assunto. Não tenho a coragem de muita gente de subir no palco para falar de coisas que não vivenciaram ou apenas para citar casos de sucesso de outras pessoas. Também queria entender melhor a linguagem enigmática deles. Se você entrar no LinkedIn, os cargos autodeclarados dos participantes da rede são sempre "*head of* qualquer coisa" ou "*sales manager*" ou "*growth specialist*" – não tem *um* gerente de vendas normal, sabe?

Apesar de saber que eu *jamais* serei especialista em tudo, gosto de saber um pouco de cada área em que atuo, então com a cara e a coragem iniciei um programa de aceleração de *startups* no Google, tendo o apoio de uma amiga cuja empresa faz uma assessoria na trajetória empreendedora de mães. Afinal de contas, muitas mulheres perdem o emprego logo após uma licença-maternidade, fazendo com que o empreendedorismo seja uma solução para conciliar carreira e maternidade.

Eu nunca tive essa vontade de empreender que via em pessoas que desenvolviam vários negócios, quebravam, então se dedicavam loucamente a criar outra empresa de sucesso. Minha grande ambição é viver de forma confortável, sem exageros, podendo aproveitar a vida sem estar o tempo todo correndo atrás de dinheiro. Quando me vi como empreendedora, foi isso que me incentivou a correr atrás de um aperfeiçoamento, e esses quatro meses de aceleração me fizeram entender uma coisa importante: empreender é uma corrida de obstáculos; em alguns casos, o obstáculo pode ser uma poça d'água ou um dragão de sete cabeças cuspindo fogo pra cima de você – e, quando você é pobre, geralmente o dragão ganha uma nova cabeça a cada passo que você dá.

As aulas aconteciam a cada quinzena e duravam o dia todo, então era um dia a menos de faxina no meu orçamento mensal, o que fazia com que eu não pudesse gastar muito. Não raro eu ia apenas com o valor da condução para a aula e levava um lanche, pois a lanchonete da Google não era uma opção.

Aprendi sobre tributos, formalização, questões práticas e burocráticas, e me dei conta de que seria bom ter um computador para acompanhar as aulas, além de ser um tanto vergonhoso ser a única a fazer as planilhas em um caderno. Mais uma vez me parecia que eu estava dando um passo maior que a perna, pois qual o sentido de querer desenvolver e estruturar um negócio se nem computador eu tinha?

Mas quem viralizou na internet sem nem ter conexão pelo celular não ia se deixar abater por um detalhe desses!

Quando algo era proposto para ser avaliado na aula seguinte, eu tinha que correr entre uma faxina e outra para agilizar o trabalho de alguma forma. Usei mais de uma vez a rede que construí na internet para pedir ajuda (nunca esqueçam que pedir ajuda é importante e não te faz inferior), e foi assim que uma *designer* incrível desenvolveu a identidade visual e o logo do Faxina Boa – que tenho até tatuado no braço. Quando chegou o momento de enfim colocar todas as ideias em prática, eu me vi dividida entre duas vertentes totalmente diferentes: investir no Faxina Boa como uma empresa de limpeza residencial ou na criação de conteúdo e comunicação.

Eu me deixei levar pelo que os outros achavam o melhor caminho e comecei a colocar no papel a empresa de prestação de serviços de limpeza, apesar de não me sentir confiante e não ter certeza do que estava fazendo.

Quatro meses se passaram rapidamente. Todas nós colocamos muitos dos projetos em andamento, e nesse período eu estava fechando também outras palestras e seguindo com a produção de conteúdo. Mas eu prezava por questões que não eram bem-vistas por possíveis investidores no negócio: cheguei a ouvir de um investidor que "não sabia explorar a mão de obra" para criar um negócio e que por isso não daria certo e não seria viável investir. Eu tinha trabalhado a vida toda obedecendo a modelos de negócio que lucravam com a exploração de pessoas mais simples, então qual seria o sentido de criar uma empresa para fazer a mesma coisa com outras pessoas?

Imaginei que poderia criar uma empresa voltada para impacto social e visar menos lucro, já que meus trabalhos com comunicação me garantiam algum dinheiro, mesmo que apenas de vez em quando.

Pensei assim: se eu cuidar sozinha de tudo, posso criar algo que vá remunerar bem as meninas que vierem a trabalhar comigo e ao mesmo tempo permitir que essas pessoas se desenvolvam como eu.

Se você contrata uma faxineira utilizando um aplicativo de serviços, saiba que a pessoa que realizou o trabalho recebe muitas vezes menos da metade do valor que você pagou, o que a obriga a fazer muito mais faxinas para ter uma renda minimamente decente. Muitas vezes isso impacta na qualidade do trabalho oferecido. É a lógica do *call center*: alta rotatividade de funcionários infelizes que fazem um trabalho ruim e precisam de mais de um emprego para garantir sua sobrevivência.

Com isso em mente, fui atrás de pessoas para contratar. Pelas redes sociais, pedi que enviassem um texto sobre si, com suas histórias, pois currículo não significa muita coisa para mim. Assim conheci a primeira interessada em fazer parte do Faxina Boa, uma estudante de sistemas da informação, fã de *heavy metal* e filha de faxineira, que nunca tinha trabalhado na área, mas já havia acompanhado a mãe em algumas faxinas. Não tinha medo do trabalho pesado e precisava de grana para pagar mensalidades atrasadas da faculdade. Ela me acompanhou em algumas faxinas e eu a orientei até que ela passasse a trabalhar sozinha. Ela recebia pouco mais de 80% do valor da diária. Os meus 20% eram referentes a atendimento e agendamento. Com o tempo vieram mais algumas moças, até que cheguei em seis parceiras trabalhando no Faxina Boa. Eu passava o dia todo atendendo clientes e faxineiros, resolvendo problemas e transferindo pagamentos, até mesmo enquanto fazia sessão de fotos, minhas próprias faxinas, trabalhos da faculdade e o jantar dos meus filhos.

Algumas coisas eram muito importantes para mim: que as pessoas recebessem o valor da faxina no dia do atendimento, pois quem não tem salário fixo no fim do mês tá *sempre* precisando de dinheiro; que os atendimentos não fossem muito distantes da residência da pessoa, pois um longo deslocamento já causa uma queda no rendimento do profissional; e que a pessoa usasse parte do dinheiro para desenvolvimento pessoal e estivesse feliz com o trabalho.

E assim seguimos por cerca de um ano, quando percebi que eu mesma não estava seguindo essas diretrizes. Não tenho o perfil de ficar sentada cuidando de pagamentos e atendimento – queria fazer outra coisa e, se contratasse alguém para fazer essa parte para mim, teria que aumentar o valor da faxina ou diminuir o repasse dos faxineiros, e nenhuma das duas opções parecia interessante. Eu tinha uma pessoa atendendo cada região da cidade: uma da Zona Leste, outra no Centro, uma no ABC (região metropolitana de São Paulo) e uma na Zona Oeste. No final de 2019, decidi dar fim a essa intermediação de mão de obra e deixar que os clientes e prestadores decidissem pela continuidade ou não do trabalho.

Senti até saudade daquela correria nos primeiros dias, mas precisava me dedicar ao que realmente queria fazer. Além disso, tive o prazer de saber que durante um ano eu e quem esteve comigo conseguimos levar adiante um modelo de negócio que não precisava fazer mal a ninguém. É possível!

Ah, um detalhe: na última semana do curso consegui comprar um computador.

Nesse meio-tempo, o crescimento de todas as redes sociais em que eu atuava era constante e orgânico: desde novembro de 2017, eu nunca investi um único real em impulsionamento de postagens e ainda assim consegui atingir meu público. Apesar de o ambiente digital ser o meu lugar de atuação, não há como negar que todas as vezes que apareci na televisão contribuíram para o crescimento no número de seguidores.

Então começou a acontecer algo que eu acho muito engraçado: ser reconhecida na rua. A pergunta geralmente é: "Você é a faxineira famosa da internet?".

Eu já achava isso uma loucura, até que fui convidada para participar de um programa de televisão gravado no Rio de Janeiro. Recebi a ligação quando estava em uma estação de trem e simplesmente sentei no chão da estação e comecei a chorar. O motivo na verdade não era o convite: eu já havia participado de outros programas de TV e isso não me impressionava tanto a essa altura, mas a novidade incrível era viajar até o Rio de Janeiro. Eu fui ao Rio quando tinha 19 anos para ver um *show*, mas tinha saído do ônibus, visto o *show* e voltado pra casa, então não só não conhecia a cidade como nunca havia viajado de avião. Era algo que eu queria demais: aviões me fascinam desde sempre, e eu não via a hora de saber como era voar. Mas a alegria durou aproximadamente cerca de meia hora, quando a produção do programa retornou o contato me avisando que não seria mais possível, pois eu já havia aparecido na emissora concorrente.

Meu mundo desabou. Eu fiquei tão mal pela expectativa frustrada que cheguei a sonhar com isso naquela noite. Passei alguns dias muito triste e desabafei nas redes sociais do Faxina Boa, até que um tempo depois fui chamada para fazer uma faxina... no Rio de Janeiro, com direito a passagem de avião inclusa!

Até hoje me parece surreal demais acreditar que alguém fez isso apenas para que eu pudesse realizar meu sonho de viajar. E como não poderia ser diferente, eu relatei a viagem toda nas redes sociais: aproveitei a oportunidade e agendei mais outras faxinas. Uma amiga me hospedou e passei uma semana na Cidade Maravilhosa; um dia faxinando e outro turistando. Conheci o Gabinete Real de Leitura, um dos lugares mais bonitos que já vi e que tinha conhecido por meio de um livro infantojuvenil na clínica psiquiátrica, o que ampliou ainda mais a emoção em ver de pertinho aquela beleza tão imponente. Andei de metrô, conversei com faxineiras de lá, visitei desde a Pavuna até Copacabana e, no dia da faxina, a cliente que me fez o convite havia preparado um mate gelado e batatas em conserva, e batemos um longo papo enquanto eu observava o Cristo pela janela da sala. Depois da faxina ela me levou para passear em lugares sensacionais no bairro da Lapa. Honestamente, eu já não queria voltar pra casa!

Foi uma semana intensa entre pilhas de louça suja e museus, panos e rodos e praias deliciosas, sem contar as pizzas com *ketchup* (imperdoável). Um detalhe engraçado: eu chorei o voo todo, emocionadíssima! Mas o trajeto pelo ar foi mais curto que o caminho de casa até o aeroporto (moro pertinho do aeroporto internacional, mas na emoção comprei a passagem para o outro, que fica a 40 quilômetros de casa). Mesmo assim, foi o melhor presente de aniversário que tive em meus 37 anos.

Quando a gente realiza um sonho, parece que se abre um portal para que outros possam se realizar também. Não demorou muito e fui convidada a palestrar no Rio Grande do Sul, o que trouxe mais uma novidade à minha vida: eu nunca havia me hospedado em um hotel.

Pulei na cama, pedi serviço de quarto, fiz dezenas de fotos em frente ao espelho e, claro, comi um xis, lanche típico gaúcho, que tanto me disseram para experimentar. Gente, que lanche enorme! Parabéns ao pessoal do Sul!

Nessa altura eu já estava fazendo alguns trabalhos bem legais com marcas quando de repente surgiu um convite muito, mas muito diferente de todos até então: um vídeo institucional para uma empresa cujo cachê era praticamente *anos* daquele salário que eu ganhava no *call center*. Eu ria, chorava, olhava o e-mail várias vezes e gritava de alegria. Era o reconhecimento chegando, de todas as formas: em visibilidade, credibilidade e remuneração. Eu comecei a planejar o que fazer com essa grana, ou melhor, com o que sobrasse dessa grana após pagar todas as dívidas que tinha acumulado pela vida.

E que sensação gostosa, senhoras e senhores! Entrei em contato com pessoas que já nem lembravam de ter comprado remédios para os meus filhos, ajudado com supermercado, emprestado grana... e fui pagando todos, um por um. Faz sentido? Não parecem sentimentos muitos conflituosos: eu me sentia uma pessoa melhor e estava pronta para fazer novas dívidas, ou melhor, realizar novos sonhos.

Eu costumo acompanhar sempre as novidades da minha banda favorita, Tool, um grupo de Los Angeles dos anos 1990 que conheci graças a meu primo que, em 1996, trouxe dos Estados Unidos uma fita cassete com o primeiro álbum deles. Era diferente de tudo o que eu já tinha escutado e mexia comigo como nenhuma outra banda. Roubei a fita, ele pegou de volta, brigamos, roubei de novo e assim a vida seguiu por alguns anos.

Nos anos 1990, sem internet, eu simplesmente não sabia como procurar mais informações sobre eles. Depois de anos só com aquela fita, cheguei a juntar mesada por mais de seis meses para comprar um CD importado (não havia material brasileiro disponível). Também conheci uma fã que tinha datilografado as letras das músicas e assim pude traduzi-las com a ajuda de um dicionário. Levei quase um ano. Uns 18 anos depois de ouvir a tal fita, consegui comprar todos os discos. Já fazia quase 13 anos que a banda não lançava nada e não fazia *shows*, então eu sabia que talvez nunca pudesse vê-los ao vivo, até ver a mensagem na página oficial da banda anunciando uma turnê pela Europa. Talvez a minha chance estivesse ali.

Uma das datas era 13 de junho de 2019, em Florença. Minha melhor amiga estava morando em Turim e eu não fazia ideia se era perto ou longe, mas ela disse que dava para ir de trem (minha concepção de andar de trem era CPTM, Itaquera – Estação da Luz). Meu aniversário é em 18 de junho e o da minha amiga, 6 de junho, então pensei que seria a semana mais louca da minha vida: reencontrar minha amiga e comemorar o aniversário dela, ver o melhor *show* do mundo e comemorar meu aniversário *em outro país*! Tinha dinheiro, mas estava com medo. Já me faltara tanto na vida, seria certo fazer uma loucura dessas? Eu poderia guardar essa grana; não era melhor pensar?

Pensei…

Ingresso do *show* comprado! Chega, já tinha sofrido demais, e esse era meu momento. "Now is my time!" ("Chegou a minha hora"), já diz a música "46&2".

Demorei mais uns meses até comprar as passagens. Tinha medo de tudo: da novidade, de dar errado, de a imigração me barrar, de morrer antes do *show*. Estava enlouquecendo.

Por fim, estava com as passagens compradas (Brasil a Madri, depois uma conexão até Turim), carro para chegar em Florença alugado, dinheiro em espécie, dinheiro no banco, cartão de crédito com (pouco) limite disponível, carta da minha amiga dizendo que iríamos ficar na casa dela, documentos, e acho que até um atestado do meu tipo sanguíneo eu tinha ali para mostrar.

Eu, que sempre quis tanto viajar de avião, nunca imaginei que ia ficar completamente irritada depois de mais de dez horas dentro de um. Coisa horrorosa! Cheguei em Madri parecendo que tinha sido atropelada, mas o cansaço passou quando me liguei que estava mesmo em outro país. Olhava as pessoas falando, tremia para pedir um chá, estava encantada e apavorada! Aprendi na primeira compra que, se calculasse os valores em real, ia sofrer o tempo todo: só o chá foi uns quinze reais! Eu ainda continuava com medo da imigração, e só quando passei sem que nem olhassem pra minha cara eu comemorei: Itália, eu estava chegando! O segundo voo foi rapidinho e, ao chegar em Turim e ver minha amiga outra vez, pensei em como ela é parte de mim e esteve em todos os grandes momentos da minha vida. E agora estava lá, me vendo rir e chorar descobrindo o quanto o mundo é grande.

Amei cada pedacinho da Itália que conheci, cada comida que experimentei, cada loja em que entrei e cada paisagem que vislumbrei. Em Turim, visitei a igreja onde está o Santo Sudário. Diz a história que uma mulher chamada Veronica enxugou o rosto de Jesus, que ficou estampado no tecido. Minha avó escolheu esse nome para mim por causa da história, então mesmo que não siga nenhuma religião eu quis fazer isso por ela. Senti que, de alguma forma, ela esteve ali comigo.

Então segui para Florença – e posso até não saber como é o resto do mundo, mas com certeza aquele lugar é um dos mais lindos.

O *show* do Tool foi em uma praça às margens do Rio Arno, por onde eu caminhei vendo fãs com camisetas da banda. Eu estava feliz como nunca estive antes. Ao pegar o ingresso e me dar conta de que, dentro de algumas horas, eu realizaria um sonho que nascera há 23 anos, eu me sentei na grama e chorei – um choro alto, forte, sentido. Voltei para o hotel para me arrumar e refleti sobre toda a minha vida até então: quanta mudança! Cheguei ao local do *show* e gastei o equivalente ao PIB do Vaticano me valendo da clássica desculpa "só se vive uma vez": trouxe um moletom e uma camiseta da banda. Estava muito nervosa e para relaxar puxei papo com um pessoal próximo. Adorei que um moço me disse, orgulhoso, que havia encarado *cinco* horas de viagem da França até lá. Ri baixinho e falei: "Vim de Itaquera, cara! Quinze horas de avião e mais quatro de carro!".

O *show* começou às 9 da noite, horário em que o sol começava a se pôr (a coisa mais estranha do mundo!). Ali tudo mudou. Eu tremia e chorava, não conseguia acreditar que era verdade. O palco escuro e a estrela de sete pontas que representa a banda iluminada no alto eram tudo o que eu via, com certa dificuldade, pois tenho um metro e meio, e por algum motivo essa visão me fez pensar no quartinho da pensão onde morei, na geladeira vazia, na ambulância me levando e na época em que, aos 16 anos, eu tomava banho ouvindo a fita do meu primo e cantando com a escova de dentes servindo de microfone. Todas as lembranças se misturaram às lágrimas e gritos e à emoção de todos ali em volta. Eu estava em outro país e vendo o *show* mais importante da minha vida. Eu me tornei mais forte ali. Ouvi as músicas que mais queria, foi tudo perfeito e desde então eu sei que *não existe nada impossível*.

Ao final do *show*, fiquei surpresa quando algumas pessoas vieram me abraçar: uma garota inglesa disse "You're the sweetest thing here" ("Você é a coisa mais fofa aqui"). Eu estava tão emocionada que deixei a galera emocionada!

Antes de voltar para o Brasil, ainda pude conhecer Milão e ir à praia em Finale Ligure. Foram tantos lugares, tantos gelatos, tantas coisas boas que, ainda que um dia eu venha a conhecer todo o mundo, a Itália sempre será um lugar especial demais na minha história. Até comi uma pizza do tamanho da mesa de casa! Que país maravilhoso!

Uma curiosidade: eu não publiquei vídeos e fotos da viagem como os "blogueiros" fazem. Foi um momento meu, uma vitória minha – tenho registros e memórias, mas tudo bem pessoal.

Ao voltar para a rotina, foram surgindo cada vez mais convites para produzir conteúdo com marcas e fui selecionada para fazer um novo projeto de aceleração, dessa vez focado em produção de conteúdo e encabeçado pelo Youpix, a maior referência na área.

Dessa vez, já estava munida de um bom computador e um bom celular, com estrutura e tempo para me dedicar 100% (fiquei hospedada na casa de uma amiga, próxima ao local do curso). Vivi uma semana intensa: aulas de segunda a sexta totalizando quase dez horas por dia, nas quais aprendi a encarar a produção de conteúdo como profissão e percebi como de fato poderia viver fazendo aquilo que gosto.

Com o tempo, fiz também aulas de gerenciamento de redes e de narrativa e expressão. Todos esses cursos confirmaram uma coisa para mim: entendo a teoria, mas raramente a coloco em prática e acabo fazendo as coisas do meu jeito. Definitivamente, a técnica não é meu forte.

Outra coisa que não é meu forte é a negociação. Eu não sei dizer "não": quero sempre ajudar todo mundo e não sei cobrar pelo meu trabalho, então foi necessário ter alguém para me ajudar nesse sentido. Parece soberbo dizer "fale com a pessoa que faz o meu comercial", mas se não fosse assim eu estaria até hoje trabalhando de graça.

O trabalho criativo é muito visto como "feito por amor", e não raro recebo pedidos de grandes empresas para fazer algo de forma gratuita, ou melhor: em troca de visibilidade. Sonho com o dia em que poderei oferecer visibilidade em troca de casa, água, luz e comida!

As pessoas também sempre perguntam se ganho coisas. Olha, ganho, sim. E não vou mentir, eu amo brindes. Porém, gosto mesmo é de trabalhar e comprar minhas coisas, sabe?

O que me faz mais feliz é usar minha visibilidade para promover o trabalho de outras mulheres empreendedoras. É sensacional ter essa oportunidade! Sempre priorizo comprar e divulgar pequenas produtoras e negócios liderados por mulheres e mães. Somos nós por nós, sempre.

Outra coisa que me encanta são os convites para eventos, aos quais nunca pude ir antes por questões financeiras, e para *shows*, que antes eu precisava juntar dinheiro por meses ou contrair grandes dívidas para assistir. Eu choro de emoção todas as vezes que recebo esses convites.

Por muito tempo, consegui conciliar as coisas do meu jeito maluco: faxinas, sessões de fotos, gravação de vídeos, palestras, viagens, filhos, casa, boletos, vida social... Mas chegou uma hora em que ansiedade e exaustão vieram fortes, e precisei tomar uma decisão inevitável que eu adiava sempre que possível: eu ia deixar de fazer faxina todos os dias.

Foi como a retirada de um remédio, algo gradual e lento: comecei a fazer três faxinas por semana, depois duas e, quando passei uma semana inteira sem fazer nenhuma, me senti muito esquisita. Mas com o tempo fui me adaptando – e sempre tenho a minha própria casa pra dar uma geral!

Mas até hoje eu sinto falta das casas, dos clientes, das histórias malucas e da correria gostosa que na hora em que a gente está vivendo acaba reclamando.

Assim como ao longo da vida eu transitei por mundos tão diferentes, dos bairros nobres ao quartinho da pensão, dos restaurantes legais às comidas estragadas, das roupas de grife às roupas doadas, agora revezava entre o trem lotado e o carro chique que as empresas mandavam para me levar aos eventos; de manhã limpando vidros, à noite no tapete vermelho.

E em todos esses lugares eu estava bem.

11

Não chute o balde

Não demorei para perceber que trabalhar na casa das pessoas me faria pensar, e muito, em coisas além da limpeza. Tinha os aspectos básicos: minha segurança (afinal, eu literalmente não sabia onde estava entrando), o trajeto e a alimentação do dia (há clientes que não permitem que eu coma o mesmo que eles, enquanto outros me oferecem comida, mas se vejo que a situação da casa é meio insalubre, prefiro me garantir e ficar com a minha comidinha mesmo – pra não falar daquelas pessoas que dizem "come o que quiser, tá?", mas só tem salgadinho, vodca e Rivotril na casa – então não, obrigada).

Fora as questões práticas, ao perceber como as pessoas vivem, o que consomem e como lidam com seus problemas, aquilo passa a fazer parte de mim, que estou naquele ambiente também. Muitas vezes doía, e muito.

Certa vez estive em um apartamento onde havia um quarto apenas para acomodar a coleção de tênis do cliente. Eram centenas de milhares de reais em tênis, eu me senti a pior das pessoas do Universo pensando que meus filhos e eu morávamos em um cômodo muito menor do que aquele onde os pares de tênis repousavam tranquilos.

Não consigo me esquecer também do casal que morava em um belíssimo apartamento com três suítes, um lavabo e o banheiro "de empregada" – ou seja, havia cinco banheiros para duas pessoas (dá pra fazer rodízio igual ao de carros), e eu pensava no cortiço onde eu morava dividindo um banheiro com outras quarenta pessoas. Ah, mas amei a "justificativa": um dos banheiros era para que a esposa pudesse usar secador de cabelos sem incomodar o marido. O banheiro do cabelo. Maravilhoso.

Menção honrosa para a garota que comprava roupas toda semana, pois não sabia lavá-las e acabava estragando-as ou simplesmente as abandonava sujas na área de serviço. Sustentabilidade não estava no dicionário dela.

Seres humanos são simplesmente incríveis... para o bem ou para o mal.

A cada cena de desperdício de alimentos, a cada "estou nem aí, faz qualquer coisa, esse apartamento é alugado mesmo", eu sentia que precisava fazer com que essas pessoas entendessem melhor o impacto de suas atitudes para consigo mesmas, com o mundo e com os outros.

E assim eu também reparei na quantidade surreal de antidepressivos consumidos pelos jovens de classe média do Centro de São Paulo. Ainda que essas pessoas morem em regiões privilegiadas (eu atendia principalmente Santa Cecília, Pinheiros, Vila Mariana e Jardins, bairros centrais, caros e muito bem localizados), me parece que o preço que se paga por esse conforto é bem injusto e, veja bem, não estou falando de dinheiro.

Uma saída para conseguir morar nessas regiões é juntar uma galera para dividir um bom apartamento e, claro, as contas. Eu me deliciava com as histórias: alguém falava "Bom dia, Fulano é muito sujo, desculpa, por isso a casa tá assim", aí a pessoa saía pra trabalhar e chegava o Fulano pra almoçar: "Menina, o pessoal aqui é tudo porco, por isso a casa é assim, tá?". Para não falar nas brigas por causa da comida que desapareceu (convenhamos, uma das maiores dores do ser humano é chegar em casa querendo comer algo que passou o dia todo desejando, então abrir a geladeira e perceber que o coleguinha acabou com tudo). Enfim, vi que é comum o alto nível de estresse de quem divide moradia.

Outra coisa que sempre acontece entre os meus clientes eram as histórias de *burnout* (esgotamento físico e mental) por estarem sobrecarregados com o trabalho. Músicos, fotógrafos, publicitários, *youtubers* e jornalistas eram as profissões mais comuns entre eles, e todos sempre estavam exaustos, em busca de fazer grana pra se bancar no padrão Centro de São Paulo.

E, claro, se você mora bem, precisa mostrar que está bem: já contei como todos têm os mesmos móveis e a mesma decoração, mas também comem nos mesmos lugares e usam as mesmas roupas. O mais interessante é que todos se imaginam muito autênticos e diferenciados. Estilo de vida Pinterest! Essa corrida invisível para fazer parte de um grupo e clamar por uma identidade causa uma ansiedade crônica que só é aplacada por muito Rivotril sublingual.

O mais estranho é que, mesmo vendo aquela realidade de perto e entendendo que não era nada saudável, eu a desejava – e muito. Ela tem uma aura de sucesso, só que é aquele sucesso de Instagram cujo entorno a gente não vê e por isso acha lindo.

Já me imaginei várias vezes limpando meu chão de taco e regando as samambaias do meu apartamento antigo na Santa Cecília, levando meus filhos para ver peças infantis no Sesc e passeando com eles sem a agonia de passar mais de uma hora no transporte até chegar aos lugares onde existem opções de lazer, pagando 3 mil reais de aluguel e gastando pelo menos 40% a mais no supermercado.

Daí acordo e me lembro que os mesmos 3 mil reais que gastaria apenas com o aluguel no Centro de São Paulo hoje pagam todas as minhas contas de moradora da periferia – então, caso encerrado.

Outra convicção minha que caiu por terra foi a de que meus clientes "eram todos ricos". Me senti atropelada pelo caminhão da realidade quando vi que a diferença entre nós era a quantidade de grana que eles precisam para bancar as coisas de que não precisam. E, claro, depois tomar um monte de remédios para ficar mais calmos e não surtar com tudo. Isso trouxe também um olhar mais empático da minha parte, pois fiz um acordo comigo mesma de não julgar as casas e as pessoas, por mais difícil que fosse. A trajetória de cada um nos levou aonde estávamos, seja o sujeito que levantou seu império começando do zero com os 300 mil reais que sua família emprestou ou eu tirando o pó dos 600 pares de tênis dos outros.

Como já contei, minha história de depressão, remédios e internação foi amplamente divulgada na mídia, e eu acabava exercendo ilegalmente a psicologia na casa dos clientes. Era surpreendente a quantidade de pessoas que pediam uma faxina e, quando eu entrava no apartamento, me ofereciam uma cadeira e uma bebida, então diziam: "Te chamei mais pra te conhecer, quero saber como foi seu tratamento e internação porque tenho medo de procurar ajuda". Ah, e pagavam a diária!

Muitas pessoas veem como fraqueza pedir ajuda quando seu problema não é físico, mas certamente correriam para o médico caso tivessem um problema na pele. Então percebi que para elas era importante ouvir alguém dizer que não tem problema ir ao médico, não tem problema tomar medicação, não tem problema cuidar da nossa saúde mental.

E acredito demais que o ambiente onde vivemos reflete em como a gente se sente: numa casa suja e bagunçada, é muito difícil estar bem. Além disso, vivemos na correria e, bem... a maioria de nós foi criada para aprender a cuidar de si, a ir bem no vestibular, a arranjar bons parceiros, a ter bons empregos, mas de forma alguma a fazer tarefas domésticas. Elas eram vistas como castigo e até vinham acompanhadas de ameaças: "ou lava a louça ou não come doce". Como é que a gente vai gostar de algo assim? A situação é ainda pior quando os pais acreditam que seus filhos são bons demais para fazer algo tão "inferior" como arrumar a própria cama. Crescendo assim, como é que a classe média se vira quando sai de casa para viver sozinha?

Por isso mesmo as pessoas se surpreendem com o fato de que os supermercados dispõem de mais de três prateleiras de produtos de limpeza! Acredito que menos de 10% dos clientes tinham noção dos produtos adequados para limpar os ambientes da casa, por isso a cada faxina fechada a pergunta era: "O que eu compro para o dia em que você vier?".

E eu aprendi a me divertir com o fato. Adoro perguntar "O que você usa nesse piso?" só pelo prazer de ver a pessoa gaguejar e eu poder dizer: "Quer dizer que nunca limparam esse chão até hoje?". Bom, a gente ganha pouco, mas se diverte.

Aliás, eu amo a liberdade de me divertir na casa dos clientes, seja juntando pelos de cachorro, tirando uma foto e enviando a mensagem "Encontrei outro cão que provavelmente você nem sabia que tinha", seja fazendo fotos de antes e depois para postar nas redes, seja sentindo a confiança deles em me deixar lá com seus equipamentos eletrônicos, câmeras ou guitarras caríssimos – e eu, megadesastrada, nunca quebrei nada de ninguém (pelo menos, nada que custe o valor dos meus filhos). Oremos para que continue assim.

Os clientes também sempre me mostram comidas que nunca tive antes chance de experimentar, me presenteiam com livros, cursos e suas histórias, e isso não tem preço.

Há uma cliente do bairro de Santa Cecília, por exemplo, por quem eu tenho um carinho enorme. Eu a atendi por dois anos e nunca a vi, nem sei seu nome. Ela me chamou por mensagem no WhatsApp, onde seu nome aparece como Bia, mas não sei se é Bianca ou Beatriz. Não tem foto no perfil, então quem sabe já nos vimos na balada, no mercado, no metrô… só sei que ela tem cabelos cacheados, segundo uma foto em que ela olha o horizonte em algum lugar bonito na Europa, a única dela que há pela casa. Sei que ela é de humanas, pelos livros da prateleira, sei que viajou bastante pelo mundo, pelos suvenires que guarda, e sei que o namoro começou a ficar mais sério quando os chinelos grandes passaram a compor a decoração da casa. Também sei que ela é um doce de pessoa pelas cartinhas que trocávamos, breves e sinceras, como "Adoro quando você vem, a casa fica mais feliz", e eu respondia com "Amo seu apê, deixei um chocolate de presente".

As cartas são uma parte tão importante da faxina quanto o uso de desinfetante. Eu quase nunca tenho contato pessoal com os clientes, assim como no caso da Bia – só pego as chaves na portaria, faço meu trabalho e recebo o pagamento pelo banco. Então a forma como me faço presente na casa (além, claro, de fazer o meu trabalho) é escrever algo para a pessoa, o que nos torna próximos e com certeza traz um pouquinho de alegria.

Às vezes fico em dúvida se devo falar em clientes ou amigos. A verdade é que depois de um tempo essa barreira é quebrada, então não é raro que eu acabe fazendo parte da vida das pessoas que já atendi. Então posso dizer que uma das cartinhas que deixei na casa de uma amiga após a faxina, sabendo que ela havia acabado de se divorciar, dizia: "Estudos apontam que as mulheres ficam ainda mais bonitas depois do divórcio" (a fonte dessa informação é o DATAVEROCAS, superconfiável!).

Fazer meu trabalho de forma excelente nada mais é que a única opção para mim. Eu não me vejo realizada de outra forma e quero de fato me destacar naquilo que faço, seja lá o que for. Sinto o mesmo como amiga, mãe ou namorada: quero estar sempre por perto das pessoas queridas para mim. Não deveria me cobrar tanto, mas não consigo evitar.

Quando eu era criança, imaginava que aos 25 anos eu estaria casada, com uma casa própria e um carro, viajando o tempo todo e trabalhando como jornalista. Acreditava em uma linha do tempo que seria obedecida: terminaria o Ensino Médio, faria faculdade e talvez nessa época encontrasse o amor da minha vida; a gente compraria um apartamento em prestações a perder de vista, eu aprenderia a dirigir... Até que a minha linha do tempo se rompeu, nada do que eu imaginava aconteceu e eu descobri que o tempo passava rápido demais depois dos 18 anos – e isso se intensificaria de forma surreal ao ser mãe já nessa idade, pois não demorou muito para ser chamada de "tia" pelos amiguinhos da minha filha.

Ainda não sei dirigir, talvez termine uma faculdade já beirando os 50 anos, não acredito mais no amor da vida, embora tenha conhecido grandes amores pela vida, e a casa... ah, a casa.

Talvez aconteça. Talvez eu não saia mais da periferia ou talvez vá morar num condomínio em que entrei tantas vezes para fazer faxinas e onde às vezes me distraía enquanto limpava as janelas, olhando para a piscina – onde, em uma tarde ensolarada de terça-feira, uma mulher nadava tranquilamente, me fazendo imaginar sua história e a vida que a levara a ter essa chance e o que eu deveria fazer para que futuramente fosse eu a nadar despreocupada no meio da semana em uma tarde de sol.

Não sei se um dia terei ou não a tal casa, mas se conseguir vou passar um bom tempo igual ao E.T. do filme, apontando o dedo e dizendo: "MINHA CASA".

A minha linha do tempo não é bem uma linha, talvez nem mesmo uma espiral. Quem sabe um labirinto do tempo?

Eu nasci, cresci, tive filhos, morri, renasci, fui pobre, fui patricinha, fui miserável, morei bem, morei mal, ganhei e perdi, fui gorda, fui magra, tive todas as cores de cabelo possíveis, estudei, parei, voltei, trabalhei, roubei, construí, destruí, aprendi e ensinei.

Tive minha filha e depois minha filha me devolveu à vida, naquele dia triste. Isso nos tornou próximas, cúmplices. Hoje somos responsáveis por estarmos as duas nesse mundo.

Coube a mim ser a mãe do Panda e aprender seu modo de ver a vida, sem filtros. Lembro do dia em que ele avistou um homem com apenas um braço e disse em voz muito alta que ele se parecia com um personagem de jogo que era um robô e tinha um braço arrancado em determinado momento da história. Eu pedi baixinho que ele não apontasse esse fato, e ele respondeu, ainda em voz alta: "Você acha que ele ficou surpreso? Não, mãe, não é uma novidade para ele e isso só incomoda você, pois quem tem um problema com a deficiência é você, e não ele". O moço riu e eu me senti muito envergonhada, pois no fundo aquela criança de 7 anos tinha definido nosso comportamento geral: nós evitamos uma deficiência como se isso fosse fazer com que ela desaparecesse.

Desde a chegada do Panda, aprendi tanto sobre mim e sobre o mundo que não tenho dúvidas de que ainda terei muitos motivos para me orgulhar ainda mais desse menino.

Hoje sei que mudei a forma como muitas pessoas encaram o trabalho doméstico e a prestação de serviços em geral, tanto trabalhadores que não se valorizavam como clientes que não reconheciam o valor desse trabalho. Da minha forma pouco técnica, mas muito honesta e verdadeira, promovo reflexões e diálogos que a sociedade insiste em ignorar e a cada gesto de paciência e amor comigo mesma eu trago um pouco disso para todas as pessoas que fazem parte dessa rede que me acompanha.

Certa vez me disseram que cada vitória minha era a vitória de toda uma parcela de pessoas antes esquecida, e isso só me faz pensar no quanto o Faxina Boa não é sobre mim, mas sobre todos aqueles que um dia foram invisíveis aos olhos da sociedade, apenas pelo trabalho que exercem.

Como eu disse no começo deste livro: todos os meus sonhos se tornaram reais por causa da faxina, então muito obrigada a todos que já me concederam a honra de entrar em suas casas, todos que se emocionaram com meus textos e vídeos, todos que dividem comigo esse sonho de ver nossa profissão valorizada e todos que acreditam que, no final, tudo vai dar certo.

Conclusão

Assim que o Faxina Boa surgiu na mídia, recebi alguns convites para escrever um livro. Embora o clichê "sua vida daria um livro" até fizesse sentido na minha cabeça, eu não considerava aquele momento ideal, não achava que seria capaz de fazê-lo (síndrome da impostora de novo) e, de verdade, senti medo: do desconhecido, de ser julgada e até mesmo das coisas boas que poderiam acontecer a partir daqui.

Eu mereço? Eu sou interessante? O que as pessoas vão sentir lendo meu livro?

A despeito de tudo isso, comecei a escrever e cheguei a cogitar que outra pessoa o escrevesse por mim, depois desencanei, pois a minha história é tão minha, meu jeito de escrever é tão característico e pessoal e sou tão controladora que no fim das contas essa tarefa deveria caber a mim.

Este livro foi escrito por vezes usando meu celular, sentada no chão do trem, entre uma faxina, um evento, uma aula, entre uma louça lavada e um almoço para as crianças, durante a quarentena, entre uma crise de ansiedade e outra e em meio a turbilhões de emoções.

Às vezes, desabafava em uma sessão de terapia e logo recebia a contrapartida da psicóloga. Durante o processo de escrita, eu me vi revirando memórias que lutei muito para varrer pra debaixo do tapete (ai, desculpa), e acabava sendo exaustivo e um gatilho para novas crises de ansiedade. Mas a minha intenção aqui é estar ao seu lado, fazer você rir, mostrar que a vida real tem seu valor, sim, ainda que ela pareça a você menos brilhante e iluminada que a vida de famosos da internet. Quero inspirar você a buscar o melhor usando aquilo que tem nas suas mãos agora.

Eu sei que a meritocracia não existe, que sou o ponto mais fora da curva possível, porém no momento em que realmente quis tomar as rédeas da minha vida e fui em frente com isso, movida pela força do ódio eu simplesmente fui, mesmo sabendo que preferia mil vezes que tudo isso acontecesse de forma mais suave.

Mas nada disso importa agora, pois o que vale é saber que, suave ou não, a gente sempre pode recomeçar, pedir ajuda, pode se reinventar e descobrir um novo amor, e eu amo um pano, um balde, um rodo, uma vassoura, um celular e todos vocês!

Agradecimentos

Gostaria de agradecer à vida por me dar a chance de me sentir uma vencedora do Oscar: sempre sonhei em escrever um discurso de agradecimento.

Gostaria de agradecer à minha avó Guiomar, por ser um exemplo a ser seguido; a meus filhos, Claire e Panda, por me darem a família perfeita, mesmo com todas as suas imperfeições; a Ciça, minha psicóloga, por me manter equilibrada nesse processo todo; a Joy Mangano, por ter criado o mop; e a todos que de alguma forma estiveram ao meu lado e não me deixaram cair, ou me levantaram quando a queda foi inevitável.

Ao Tool, por escrever a trilha sonora da minha vida, e a todas as bandas que vi ao vivo e trouxeram felicidade aos meus dias.

Agradeço demais a Dona Jacira Roque por seu texto lindo e ser essa mulher forte e doce, como um café! Cazé Pecini por ser meu VJ favorito e ter colocado em meu caminho a Astrid Fontenelle, que topou fazer parte desse sonho.

Agradeço também a todos aqueles que, de alguma forma, foram ruins para mim: obrigada por me mostrarem como não ser e por me incentivarem a seguir em frente, ainda que pela força do ódio.

Agradeço também a MAN, a família que a internet me trouxe, e a Iaci, por ser a melhor amiga do mundo.

Agradeço a todos da Latitude livros, pela paciência e pelo carinho com esse projeto lindo.

E, por fim, ao meu lado corajoso, que não me permitiu desistir!

SUA OPINIÃO É MUITO IMPORTANTE
Mande um e-mail para **opiniao@vreditoras.com.br**
com o título deste livro no campo "Assunto".

1ª edição, out. 2020

FONTES Adobe Caslon Pro Regular 12,5/16,9pt;
Europa Regular Italic 40/48pt
PAPEL Polen Bold 70g/m² e Couche Fosco 150g/m²
IMPRESSÃO Grafica Santa Marta
LOTE SM7360